心田
心田文化
良種紙上播
善筆植心田
U0130699

◎中國命理學大系 23

易

子平真詮

圖文辨識

清・沈孝瞻 原著

◎易天生 評註

自序

通過數十年來的努力，不經不覺間〈中國命相學大系〉的註釋，已寫到第23本了，主要包括面相和命理這兩部份，而今次寫《子平真詮》評註，確實感到困難，就如先賢余樂吾先生所說「《真詮》以月令用神為經，諸神為緯，然用神非盡出於月令，究竟不能包括完備」，筆者盡量嘗試用淺白易明的方式，加以圖文註解，但仍覺有不足之處。

在今時今日，出版業在世界各地都很難持續，何解？因為多個原因：

1實體書成本愈來愈高，看文字的人卻一天一比天少
2普遍讀者已轉看互聯網及社交平台，取得智識資訊更易
3因寸金尺土，地方愈來愈小，再無收藏書本的地方
4書局愈來愈少，書種愈見狹窄
5發行出版書籍的門檻比以前高很多
6香港小型出版社難以爭取海外市場

7電子書雖漸見普及，接受和購買電子書的人，始終不多

正因為實體書的式微，要扭轉書籍出版的命運，現在似乎只能從7電子書平台入手。

筆者已將自己這些年來寫過的書，逐一制成電子版本，全放到一個大型電子書平台上，實際上，這樣已可將上述的1至6個困局，基本解決了。

數十年來，筆者寫了超過五十部作品，新的在書店擺放數個月，便要下架送回貨倉，舊書更是無緣再送到市場去，現在有了電子書的平台，所有書一本不漏地24小時全天候展示出來，任讀者選購，拜互聯網和科技所賜，以前讀者很難買到易天生的書，今天終於能夠全世界、全人類都可以買得到了。

等待了十多年的事情，今天終於實現，想起當初與時並進，用了不少精神和時間去學習和實踐電子出版，屢敗屢試，就是一直沒有放棄過，只望電子書有朝一日，能夠真正讓自己的作品延續下去，直至今天兩鬢斑白，這願境似乎是很接近了。

理想是希望電子書市場能繼續健康成長，只要創作路沒有被堵死，作者仍能生存下去，那文化的傳承便可保不失。

易天生電子書地址就在這裡，大家支持，感激不盡！

心田文化　62本作品，都有封面、目錄及內容簡介，就等待你的下載！

pubu 電子書城　（手機、電腦、平板均可下載）

pubu.com.tw/store/2742859

大家也可以到筆者的面書，可取得易天生的最新近況，定時向讀者公佈，大家不防前來打打咭、留個言、連個好友！

〔易天生面書〕facebook.com/yitis55

或在 facebook 搜尋：易天生

易天生

寫於：心田小館

2023-5-31

《子平真詮》原序

予自束髮就傳，即喜讀子史諸集，暇則子平《淵海》、《大全》略為流覽，亦頗曉其意。然無師授，而於五行生剋之理，終若有所未得者。後復購得《三命通會》、《星學大成》諸書，悉心參究，晝夜思維，乃恍然於命之不可不信，而知命之君子當有以順受其正。

戊子歲予由副貢充補官學教習，館舍在阜城門右，得交同里章公君安，歡若生平，相得無間，每值館課暇，即詣君安寓談《三命》，彼此辯難，闡民無餘蘊。已而三年期滿，僦居宛平沈明府署，得山陰沈孝瞻先生所著子平手錄三十九篇，不覺爽然自失，悔前次之揣摩未至。遂攜其書示君安，君安慨然歎曰：此談子平家真詮也！

先生諱燡燔，成乾隆己未進士，天資穎悟，學業淵邃，其於造化精微，固神而明之，變化從心者矣。觀其論用神之成敗得失，又用神之因成得敗、因敗得成，用神之必兼看於忌神，與用神先後生剋之別，並用神之透與全、有情無情、有力無力之辨，疑似毫芒，至詳且悉。是先生一生心血，生注於是，是安可以淹沒哉！

君安爰謀付剞劂，為天下談命者，立至當不易之準，而一切影響游移管窺蠡測之智，俱可以不惑。此亦談命家之幸也；且不談命家之幸，抑亦天下士君子之幸，何則？人能知命，則營競之可以息，非分之想可以屏，凡一切富貴窮通壽夭之遭，皆聽之於天，而循循焉各安於義命，以共勉於聖賢之路，豈非士君子厚幸哉！觀於此而君安之不沒人善，公諸同好，其功不亦多乎哉？爰樂序其緣起。

乾隆四十一年歲丙申初夏同後學胡焜倬空甫謹識

本書凡例

◎《子平真詮》坊間最廣為流傳的，是徐樂吾先生的評註本，筆者在本書的體裁上，主要按照徐氏的分卷與分段。

◎筆者未有收錄徐氏的註釋，而是加入全新的註解，筆者亦很鼓勵大家在讀本書的同時，都看看徐氏的評著，定能相得益彰。

◎原書將重點放於傳統的四吉神和四凶星上，本書則採用正五行為基礎，

◎本書採用大量插圖，加入與內文相對應的圖象，令讀者更易領悟文意。

◎原著採用較簡單的統傳法，時有與子平正五行基理的差異，讀者須留意。

◎子平真詮是屬於一部中級命理書，對一般初學者而言，可能讀來較吃力。

◎本書的讀者，最好對傳統命理與子平命學，有一定的基礎，如此讀來才能事半功倍。

◎書中有提到筆者一些八字基礎著作，讀者看過後，對研究真詮一書，會有很大幫助。

目錄

卷一　天干地支關係與五行源起

卷二　用神與格局關係

卷三　論宮位與歲運

卷四　論四吉正星正格

卷五　論四偏星外格

卷一

天干地支關係與五行源起

一、論十干十二支

天地之間，一氣而已。惟有動靜，遂分陰陽。有老少，遂分四象。老者極動靜之時，是為太陽太陰；少者初動初靜之際，是為少陰少陽。有是四象，而五行具於其中矣。

子平命理發展至今，已漸趨向於科學化，但同時也離不開古老的易經，只有古今善用，才能夠得出更精確的判斷，這是筆者一直堅持的理念，本書的原作者沈孝瞻先生，相信也是這樣，以當時清乾隆時期的當代方式來論命理。

八字命理中，天干地支的五行，都是由易經衍生而來，四象推演出五行，由五行再反映萬事萬物。

易經八卦

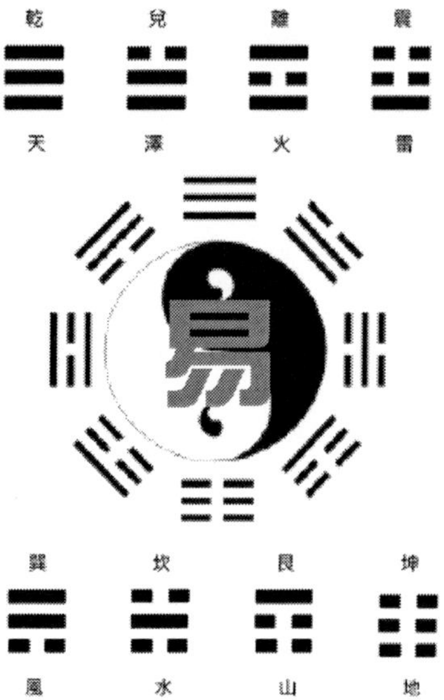
乾 兌 離 震
天 澤 火 雷
易
巽 坎 艮 坤
風 水 山 地

八字五行

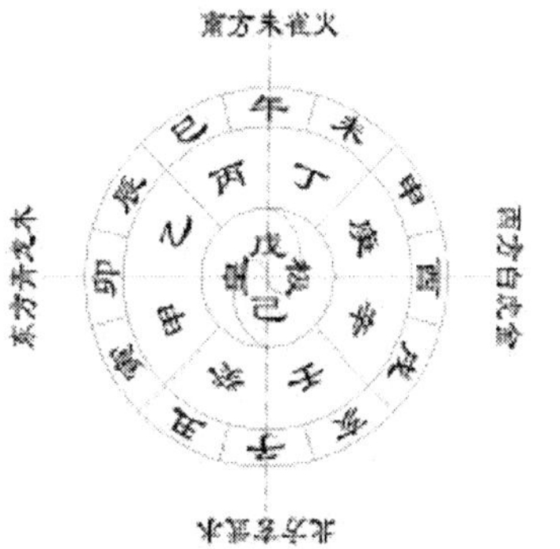
南方朱雀火
西方白虎金
北方玄武水
東方青龍木
午 未 申 酉 戌 亥 子 丑 寅 卯 辰 巳
丙 丁 庚 辛 壬 癸 甲 乙
戊 己

水者，太陰也；火者，太陽也；木者，少陽也；金者，少陰也；土者，陰陽老少、木火金水沖氣所結也。

子平命理從遠古易經而來，自成體系，基本上也不須太去計較易經中，太陰太陽等高深道理，反而力求淺白簡易，知曉五行本質，盡量化繁為簡，五行是由金木水火土組成，而土是夾雜著其它四行之氣生成。

有是五行，何以又有十干十二支乎？蓋有陰陽，因生五行，而五行之中，各有陰陽。即以木論，甲乙者，木之陰陽也。甲者，乙之氣；乙者，甲之質。在天為生氣，而流行於萬物者，甲也；在地為萬物，而承茲生氣者，乙也。

這裡以十天干的甲乙木為例，所指的是天干和地支的關係，包括了十天干：甲乙丙丁戊己庚辛壬癸，和十二地支：子丑寅卯辰巳午未申酉戌亥，天干為地支的氣，地支為天干之質，說得簡單一點，可用「天干看現象，地支看力量」，記住這句口訣，在實際論命時，經常都會用到。

又細分之，生氣之散佈者，甲之甲，而生氣之凝成者，甲之乙；萬物之所以有枝葉者，乙之甲，而萬木之枝枝葉葉者，乙之乙也。方其為甲，而乙之氣已備；及其為乙，而甲之質乃堅。有是甲乙，而木之陰陽具矣。

生氣之說，每用於風水上，有生氣，旺氣和煞氣等，用之在八字，則須要對八字命理有一定的基礎，才能明白，在滴天髓中有說到左右氣協，這是指原局中干支五行的一種生助中和之力，而文中所指甲乙木的關係，說得頗玄又復雜，大家可以簡單理解，無須太執著於字眼，文中只想解釋每一個天干和地支，都不要單獨來看，必須上下同參，即枝不離葉的道理而已。

五行陰陽一覽圖

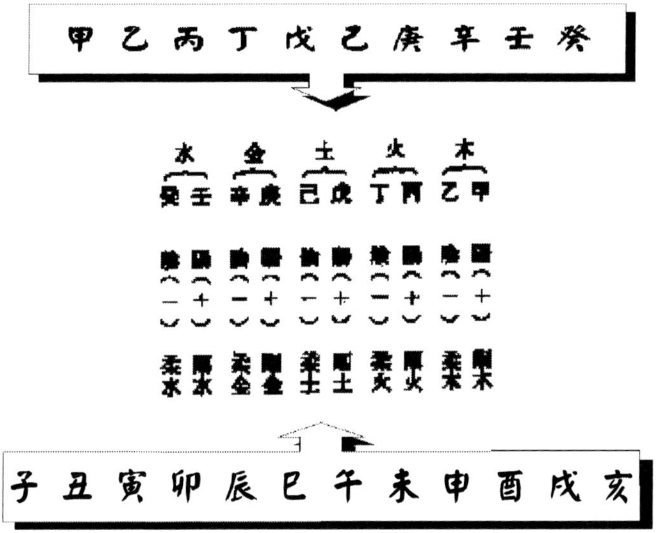

甲 乙 丙 丁 戊 己 庚 辛 壬 癸

木		火		土		金		水	
甲	乙	丙	丁	戊	己	庚	辛	壬	癸
陽（+）	陰（-）	陽（+）	陰（-）	陽（+）	陰（-）	陽（+）	陰（-）	陽（+）	陰（-）
剛木	柔木	剛火	柔火	剛土	柔土	剛金	柔金	剛水	柔水

子 丑 寅 卯 辰 巳 午 未 申 酉 戌 亥

何以復有寅卯者，又與甲乙分陰陽天地而言之者也。以甲乙而分陰陽，則甲為陽，乙為陰，木之行於天而為陰陽者也。以寅卯而陰陽，則寅為陽，卯為陰，木之存乎地而為陰陽者也。以甲乙寅卯而統分陰陽，則甲乙為陽，寅卯為陰，木之在天成像而在地成形者也。甲乙行乎天，而寅卯受之；寅卯存乎地，而甲乙施焉。

由於命理學的新演釋方式，和古時已不盡相同，都是化繁為簡，而不是將簡就繁，把問題複雜化，故有「天干看現象，地支看力量」之說，本文大概想講干支陰陽的基理，亦即外在環境為陽，內在能量為陰，陽是眼睛所看得見的萬事萬物，陰則蘊藏在內，只能感受得到，干主外支主內。

是故甲乙如官長，寅卯如該管地方。甲祿於寅，乙祿於卯，如府官之在郡，縣官之在邑，而各司一月之令也。

本段加強了我們對天干地支的認識，事實上天干亦可比作職能名目，地支視為所管轄的範圍，並以地支為司令官，反映每月之交替。

甲乙在天，故動而不居。建寅之月，豈必當甲？建卯之月，豈必當乙？寅卯在地，故止而不遷。甲雖遞易，月必建寅；乙雖遞易，月必建卯。以氣而論，甲旺於乙；以質而論，乙堅於甲。而俗書謬論，以甲為大林，盛而宜斬，乙為微苗，脆而莫傷，可為不知陰陽之理者矣。以木類推，餘者可知，惟土為木火金水沖氣，故寄旺於四時，而陰陽氣質之理，亦同此論。欲學命者，必須先知干支之說，然後可以入門。

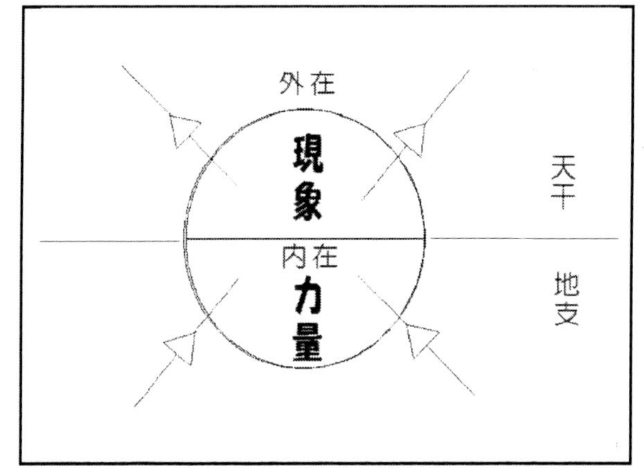

十天干坐下地支，是決定這個天干的旺度的，大家估量太多文字，不如看一看表格，更能一目了然。（見十二生旺庫圖）

從天干對向地支，例如：天干甲見地支申為「絕」，丙見地支寅為「長生」。

十二生長的定位

依照地球讓太陽的運行軌跡，立春、立夏、立秋和立冬，春分和秋分、夏至和冬至，是地球在黃道的四正四隅，也是五行轉化之位。

長生、沐浴、冠帶、建祿、帝旺、衰、病、死、墓、絕、胎、養

壬庚戊丙甲 絕生祿祿病 巳 癸辛己丁乙 胎死旺旺敗	壬庚戊丙甲 胎敗旺旺死 午 癸辛己丁乙 絕病祿祿生	壬庚戊丙甲 養冠衰衰墓 未 癸辛己丁乙 墓衰冠冠養	壬庚戊丙甲 生祿病病絕 申 癸辛己丁乙 死旺敗敗胎
壬庚戊丙甲 墓養冠冠衰 辰 癸辛己丁乙 養墓衰衰冠	陰陽順逆生旺死絕之圖		壬庚戊丙甲 敗旺死死胎 酉 癸辛己丁乙 病祿生生絕
壬庚戊丙甲 死胎敗敗旺 卯 癸辛己丁乙 生絕病病祿			壬庚戊丙甲 冠衰墓墓養 戌 癸辛己丁乙 衰冠養養墓
壬庚戊丙甲 病絕生生祿 寅 癸辛己丁乙 敗胎死死旺	壬庚戊丙甲 衰墓養養冠 丑 癸辛己丁乙 冠養墓墓衰	壬康戊丙甲 旺死胎胎敗 子 癸辛己丁乙 祿生絕絕病	壬庚戊丙甲 祿病絕絕生 亥 癸辛己丁乙 旺敗胎胎死

二、論陰陽生剋

四時之運，相生而成，故木生火，火生土，土生金，金生水，水復生木，即相生之序，循環迭運，而時行不匱。然而有生又必有剋，生而不剋，則四時亦不成矣。剋者，所以節而止之，使之收斂，以為發洩之機，故曰：天地節而四時成。

五行由四季天時之運行，產生了相生相剋的狀況，故生之太多便須要節制，不足時便補而扶之，洽如進食，吃得太多而沒有節制，便會變得痴肥，影響身體健康，四季中的天干同樣要順應天時，須要節制，於是便有生旺宜剋洩，身弱須生扶，這個八字計算人命的原理。

即以木論，木盛於夏，殺於秋，殺者，使發洩於外者藏收內，是殺正所以

為生，大易以收歛為性情之實，以兌為萬物所說，至哉言乎！譬如人之養生，固以飲食為生，然使時時飲食，而不使稍飢以待將來，人壽其能久乎？是以四時之運，生與剋同用，剋與生同功。

若論甲乙木，其生於春天，寅月為木之長生，卯木則為祿旺，殺於秋者，意指金剋木，秋天屬申酉金，故木氣到了秋天便要收歛起來，是須要節制之時，如用飲食來作比喻，養生之道是食不能過量，亦不能過飢，生剋之理，就在其中，當然五行生剋制化，是整個八字命理學的基石，應該全盤了解，且以圖象來作簡單的認識。

然以五行而統論之，則水木相生，金木相剋。以五行之陰陽而分配之，則生剋之中，又有異同。此所以水同生木，而印有偏正；金同剋木，而局有官煞也。印綬之中，偏正相似，生剋之殊，可置勿論；而相剋之內，一官

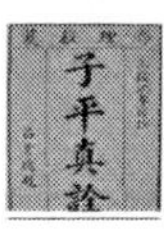

一煞，淑慝判然，其理不可不細詳也。

五行相生相剋大家都知道了，其理並不複雜，反觀這一段原文，並未完整講出基理，故說可置勿論。其實想點出干支都有分陰陽，即如八字六神：

正印和偏印，正官與七殺，食神和傷官，比肩與劫財，並以陽干支為正星，陰干支為偏星，所以在判斷五行時，須要五行配六神作詳細推論。

彎箭咀：生
直箭咀：剋

日主
我
木
火
土
金
水
生
克

即以甲乙庚辛言之。甲者，陽木也，木之生氣也；乙者，陰木也，木之形質也。庚者，陽金也，秋天肅殺之氣也；辛者，陰金也，人間五金之質也。木之生氣，寄於木而行於天，故逢秋天為官，而乙則反是，庚官而辛殺也。

以下圖表列出五行各天干陰陽之分類，當中有陰陽相斥的情況，而說到五行干支配六神的正官與七殺，又是另一個操作。

又以丙丁庚辛言之。丙者，陽火

天干六合圖

陰 相斥 陰

陰 陽

陽 相斥 陽

相吸

甲	乙	丙	丁	戊
化土	化金	化水	化木	化火
己	庚	辛	壬	癸

合

也，融和之氣也；丁者，陰火也，薪傳之火也。秋天肅殺之氣，逢陽和而剋去，而人間之金，不畏陽和，此庚以丙為殺，而辛以丙為官也。人間金鐵之質，逢薪傳之火而立化，而肅殺之氣，不畏薪傳之火。此所以辛以丁為殺，而庚以丁為官也。即此以推，而餘者之相剋可知矣。

此文說到的「相剋可知」，是要講五行生助剋洩中的「剋」，但必須配合天干相合來認清，須知干有「六合」，可以得知天干見剋另一干時，如庚金剋甲木，是陽剋陽為甲木受庚金所剋，但換成乙木則不同，乙為陰干，見庚金來剋時，反而相合，成乙庚合金，其餘者類推即可（見天干六合圖），八字干合須要支下有月令主氣支持和不剋化神，方可成化。

這在剋我者而言，陽為正官，陰為偏官七殺，這道理如同女子以正官為夫，七殺為異性朋友。另又有以正官為管理，七殺為開拓，另外正負陰陽電極，甚至一男一女，都可以用作理解為陰陽之道。

三、論陰陽生死

五行干支之說，已詳論於干支篇。干動而不息，支靜而有常。以每干流行於十二支之月，而生旺墓絕繫焉。

陽主聚，以進為進，故主順；陰主散，以退為退，故主逆。此生沐浴等項，所以有陽順陰逆之殊也。四時之運，功成者去，待用者進，故每流行於十二支之月，而生旺墓絕，又有一定。陽之所生，即陰之所死，彼此互換，自然之運也。

本文提到天干在地支上的生與死，指與十二生旺庫中，長生與死的關係，書云：「陽奇陰耦，陽順陰逆，陽生於陰，柔生於剛」，甲木之氣屬陽，在春分時達到最旺的狀態，顧名為帝旺。在秋分之時木氣消滅之際，開始孕育為胎，所以從地支酉開始，酉屬於陰，順序以此歷經戌養、亥

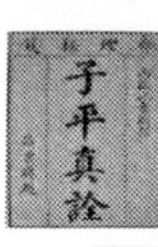

生，到最後的申絕。乙木之氣，屬於陰，在金地陽支的申開始，逆序到未養，再到寅旺，到最後的酉絕地，其餘地支以此類推。正因為陽干主進氣，陰干主退氣，所以陽順陰逆，陽干順行而陰干逆行，這主要反映在起八字時，大運中陽男順推和陰女逆推的法則。

即以甲乙論，甲為木之陽，木之枝枝葉葉，受天生氣，已收藏飽足，可以為來剋發洩之機，此其所以生於亥也。木當午月，正枝葉繁盛之候，而甲何以死？卻不是外雖繁盛，而內之生氣發洩已盡，此其所以死於午也。乙木反是，午月枝葉繁盛，即為之生，亥月枝葉剝落，即為之死。以質而論，自與氣殊也。以甲乙為例，餘可知矣。

這裡原文又舉甲木為例，指出天氣在季度中所發生的變化，這與干支陰陽也有著關係，但書中並未有明確點出，所指的生發之機是如何演進，

它想說陽干甲木生於亥月，死於午月，陰干乙木卻相反，生於午而死於亥，其理亦如前述，不作重複，總之盡量化繁為簡就是。

曾經有人嘗試把這個沿用至今的陰陽順逆法作出修改，卻沒有提出甚麼理據，故到目前為止包括筆者，仍舊採用傳統古法來起大運。

支有十二月，故每干長生至胎養，亦分十二位。氣之由盛而衰，衰而復盛，逐節細分，遂成十二。而長生沐浴等名，則假借形容之詞也。長生者，猶人之初生也。沐浴者，猶人既生之後，而沐浴以去垢；如果核既為苗，則前之青殼，洗而去之矣。冠帶者，形氣漸長，猶人之年長而冠帶也。臨官者，由長而壯，猶人之可以出仕也。帝旺者，壯盛之極，猶人之可以輔帝而大有為也。衰者，盛極而衰，物之初變也。病者，衰之甚也。死者，氣之盡而無餘也。墓者，造化收藏，猶人之埋於土者也。絕者，前之氣已絕，後之氣將續也。胎者，後之氣續而結聚成胎也。養者，如人養母腹也。自是而後，長生循環無端矣。

這裡是講解十二生旺庫中，十二種情形，指出一個人怎樣由盛而衰，乃至死而又生，原著解釋得已經十分之詳盡，十二生旺庫如前圖：

長生，沐浴，冠帶，臨官，帝旺，衰，病，死，墓，絕，胎，養。

原文將這十二個生命進境，作詳細解釋，由起點長生至養，循環不息，無始無終地不斷演生下去，這有點像佛教裡的十二因緣，同樣是用以反映人生的起因與結果，因此，八字中的日主，看其坐於四個地支的何

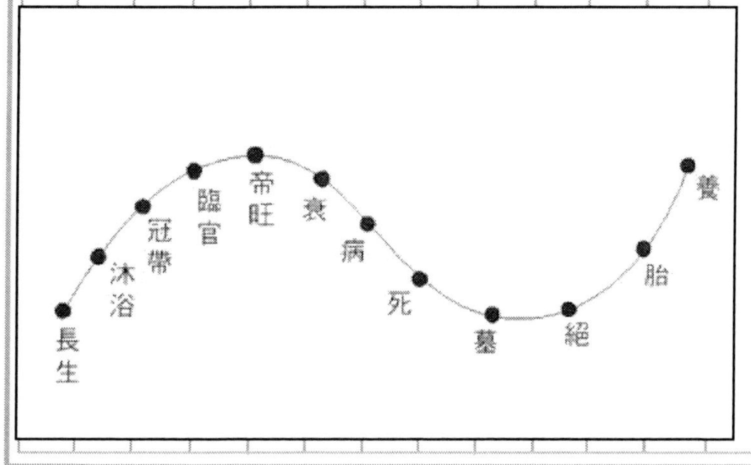

種生旺庫氣，便很重要了。

這個論命方法給日本人學得，即拿來發揚光大，以之為算命法則，日本人聰明，取十二生旺庫為宮位推命法，不過在運作上卻流於簡化，在中國式的子平命理，便較之深奧得多，以日主為本體我，再看生於何月，以取日主身旺身弱，再看各天干所坐地支的生旺情況，如此便得知日主之所需，弱者扶助，旺者剋洩，以取得中和。

人之日主，不必生逢祿旺，即月令休囚，而年日時中，得長祿旺，便不為弱，就使逢庫，亦為有根。時說謂投庫而必沖者，俗書之謬也，但陽長生有力，而陰長生不甚有力，然亦不弱。若是逢庫，則陽為有根，而陰為無用。蓋陽大陰小，陽得兼陰，陰不能兼陽，自然之理也。

文中又點出了日主坐下的旺弱要點，如日主坐下地支是長生，臨官

（又名建祿）及帝旺者，自然是身強旺，但即使月令不坐這三個旺氣，而是坐落其它較弱之庫氣，例如衰死胎絕等弱氣，只要其它三支即年支月支和時支，得到旺氣之助，也就不弱了。

在十二生旺庫中，有一個「墓」表面雖弱，但卻是弱中見旺氣的一個狀況，原因是墓之後便輪到養，又準備再生了，另外也因墓又為「墓庫」，例如丙火，戌為火的墓庫，因戌中有火之根氣，又會與午相合化火局，故坐庫亦非太弱，其它的五行天干都一樣看法。

至於陽大陰小，陽可兼陰，陰不兼陽之說複雜，我們去理解墓庫藏火之生機即可。

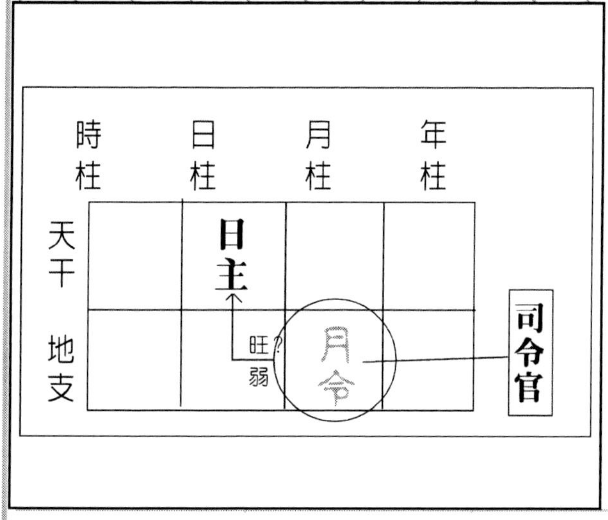

	時柱	日柱	月柱	年柱
天干		**日主**		
地支		旺？弱	月令	

司令官

四、論十干配合性情

合化之義，以十干陰陽相配而成。河圖之數，以一二三四五配六七八九十，先天之道也。故始於太陰之水，而終於沖氣之土，以氣而語其生之序也。蓋未有五行之先，必先有陰陽老少，而後沖氣，故生以土。終之既有五行，則萬物又生於土，而水火木金，亦寄質焉，故以土先之。

是以甲己相合之始，則化為土；土則生金，故乙

	(甲日生人)	(乙日生人)	(丙日生人)	(丁日生人)
甲	比肩	比劫	偏卩	正印
己	正財	偏才	傷官	食神
乙	比劫	比肩	正印	偏卩
庚	七煞	正官	偏才	正財
丙	食神	傷官	比肩	比劫
辛	正官	七煞	正財	偏才
丁	傷官	食神	比劫	比肩
壬	偏卩	正印	七煞	正官
戊	偏才	正財	食神	傷官
癸	正印	偏卩	正官	七煞

庚化金次之；金生水，故丙辛化水又次之；水生木，故丁壬化木又次之；木生火，故戊癸化火又次之，而五行遍焉。先之以土，相生之序，自然如此。此十干合化之義也。

這個天干相合前面都提及，是把甲乙丙丁戊前五干與己庚辛壬癸拆開，再配對，且看（天干配對圖），便更能明白天干相合的形成。

	(戊日生人)	(己日生人)	(庚日生人)	(辛日生人)	(壬日生人)	(癸日生人)
甲	七煞	正官	偏才	正財	食神	傷官
己	比劫	比肩	正印	偏卩	傷官	七煞
乙	正官	七煞	正財	偏才	傷官	食神
庚	食神	傷官	比肩	比劫	偏卩	正印
丙	偏卩	正印	七煞	正官	偏才	正財
辛	傷官	食神	比劫	比肩	正印	偏卩
丁	正印	偏卩	正官	七煞	正財	偏才
壬	偏才	正財	食神	傷官	比肩	比劫
戊	比肩	比劫	偏卩	正印	七煞	正官
癸	正財	偏才	傷官	食神	比劫	比肩

很多有心學八字的朋友，都不懂得合化的原理，以致論命的能力停留在初級階段，下文便由原著來解說。

其性情何也？蓋既有配合，必有向背。如甲用辛官，透丙作合，而官非其官；甲用癸印，透戊作合，而印非其印；甲用己財，己與別位之甲作合，而財非其財。如年己月甲，年上之財，被月合去，而日主之甲乙無分；年甲月己，月上之財，被年合去，而日主之甲乙不與是也。甲用丙食與辛作合，而非其食，此四喜神因合而無用者也。

本書作者專奉命理四吉和四凶神為本，故以正官、正財、正印、食神為喜，以七殺、劫財、傷官和偏印為忌，日主身旺身弱只看成其次，並以此論合化喜忌，指被合化了的天干，其六神作用會失去，但這樣只說對了一半。

有用的化神被合，故然減力失效，相反忌神被合去，同樣會失力，但對日主來說，卻屬於好事，故不要一概而論，原文所舉的例子，無非想解釋以上道理。

蓋有所合則有所忌，逢吉不為吉，逢凶不為凶。即以六親言之，如男以財為妻，而被別干合去，財妻豈能親其夫乎？女以官為夫，而被他干合去，官夫豈能愛其妻乎？此謂配合之性情，因向背而殊也。

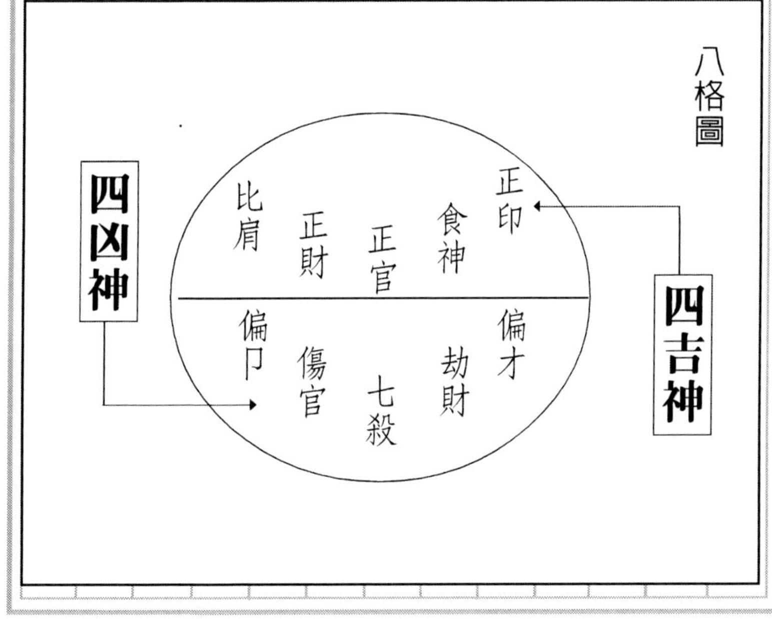

這裡講合，還有個非吉非凶的情況，就是六親星被它干合去時，意味著身邊的親人失去，如此即使是吉凶喜忌，都受到親人被合走的影響，不能自主，這到底是一個怎樣的情況？大家可以想像一下的。

又如甲逢庚為煞，與乙作合，而煞不攻身；甲逢乙為劫財，甲逢丁為傷，與壬作合，而丁不為傷官；甲逢壬為梟，與丁作合，而壬不奪食。此四忌神因合化吉者也。

書中舉了一例來解釋另一種情況，說「甲逢庚為煞，與乙作合，煞不攻身」，因為作者採用了古法論命，以命中之四吉星為喜，若以正五行基因法作詳細分折，則如以下：

甲木日主，遇到庚金七殺來剋，但有乙木合住這庚殺，不論月令有否根氣，乙庚化與不化都好，亦會起到「合住七殺」，使庚金七殺不剋日主我的作用，其餘劫財，傷官和偏印之剋合情況都一樣，又因古法視此四凶星，是各有其害的，故效果和情況各有不同，讀者往後看自能了解。

大致可補充一下，如凶星被合住了，於是：七殺不去攻身，劫財不搶正財，傷官不傷正官，偏印不奪食神，如此命中的吉星便不會受損了，這就是古法論命的一大特色，雖然簡易，但並不週全，往後自有解釋。

合殺不攻身

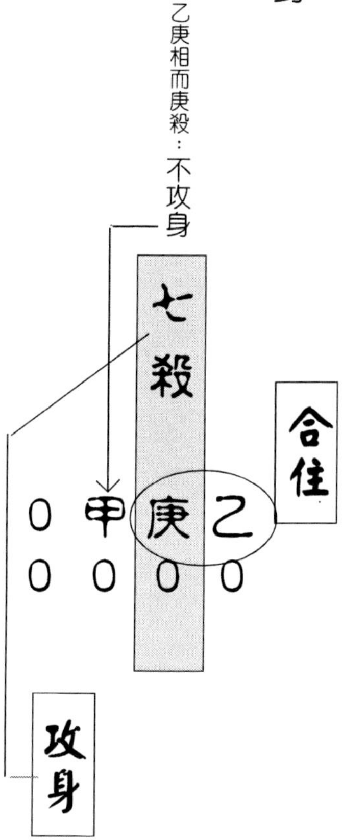

五、論十干合而不合

十干化合之義，前篇既明之矣，然而亦有合而不合者，何也，蓋隔於有所間也，譬如人彼此相好，而有人從中間之，則交必不能成。譬如甲與己合，而甲己中間，以庚間隔之，則甲豈能越剋我之庚而合己？此制於勢然也，合而不敢合也，有若無也。

又有隔位太遠，如甲在年干，己在時上，心雖相契，地則相遠，如人天南地北，不能相合一般。

這是指合化二干中間被隔開了，相合必須緊貼，不能分開，遙隔更甚，其更難於合化。文中說天干相合，中間出現另一個天干，例如甲己合而間之以庚者，而日主是木，本與正財吉星相合，卻被七殺這粒凶星從中作梗，於是便受制，是一種礙於形勢的情況，因中間為七殺，故有受到威

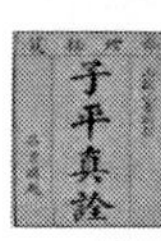

脅而不敢合，故甲己雙方之合若有若無，也不要說是遙合了，隔合即如年干與時干之合，是有心無力之合，天干如此，地支都一樣，只因地支是地位方位，故原文有天南地北之說，例如情侶或親人之分隔兩地，反觀天干，則較取決於人的思想與感情。

合殺不攻身

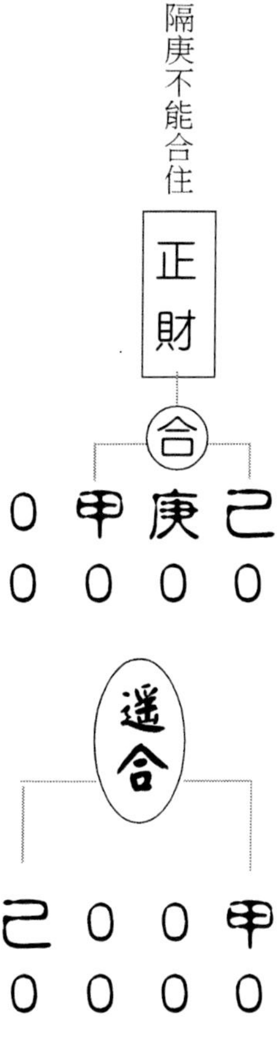

然於有所制而不敢合者，亦稍有差，合而不能合也，半合也，其為禍福得十之二三而已。

除了有不敢合的情況，也有地支的合而不化，即所指「合而不能合」，地支相合，例如卯未之合，天干並沒有透出甲或乙木，即使合了也不成化，且兩者力量絆住了，這合住不化的情況，兩者力量都會削減到只剩下兩三成，如此自可推斷其人之六神事象。

又有合而無傷於合者，何也？如甲生寅卯，月時兩透辛官，以年丙合月辛，是為合一留一，官星反輕。甲逢月刃，庚辛並透，丙與辛合，是為合官留煞，而煞刃依然成格，皆無傷於合也。

這裡說到二命，前者應指女命，傳統命理以女子八字天干兩透官星為忌，被視為命現兩個夫星，情不專向，命例以甲木日元，生於寅月或卯月，多主身旺，皆因日主木月坐臨官與帝旺，天干辛金正官兩透，有丙火作丙辛合，是為合一留一，官星反而輕了，但原文卻沒說清楚輕了是那一種優劣狀況，與其說輕不如說清比較合適。

另外又以甲日主自坐寅卯，即日柱得坐臨官與帝旺強根，甲坐月刃即是日柱坐下是寅木，此為月刃，干透庚殺和辛官，又見丙來合辛者，合住了辛官，那剩下來的七殺便能成格，成七殺格，但這裡不能不提，按本書傾向於傳統吉星理念，想講官殺混雜，在合一留一下，即使官星被合，權取七殺，亦無不可。

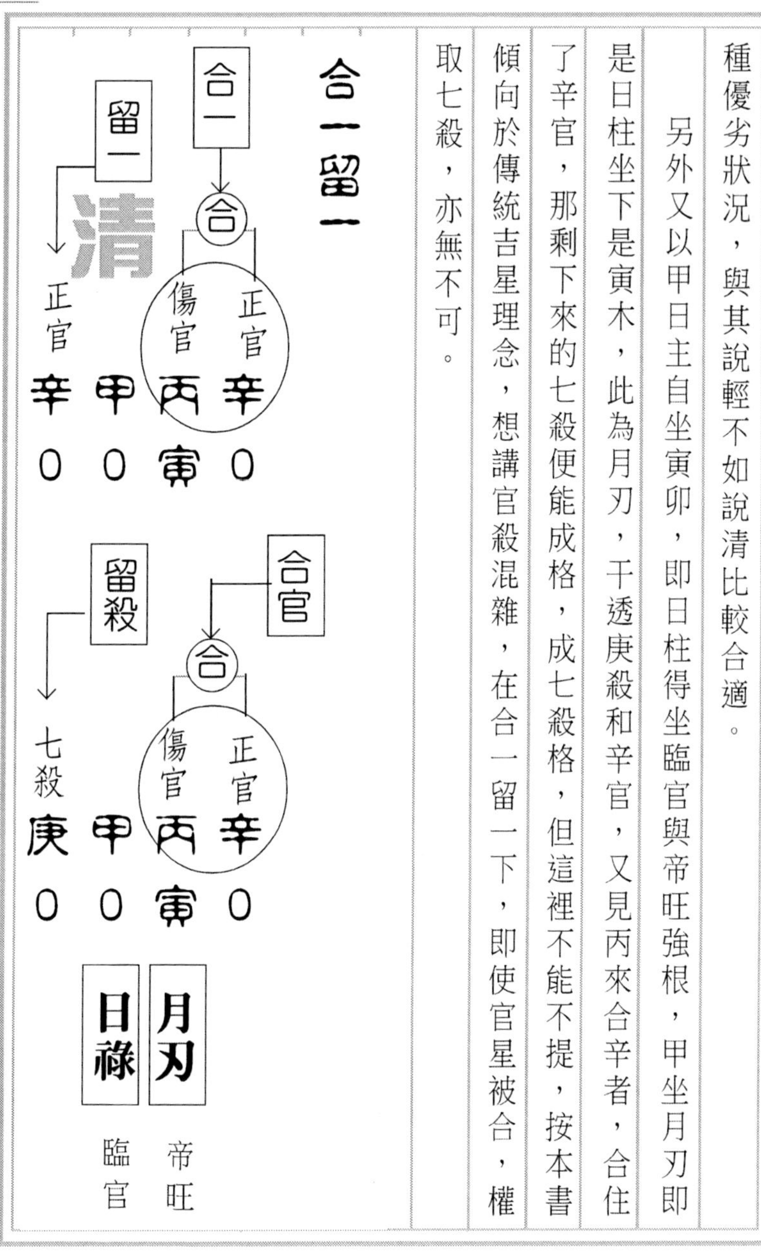

但這裡須得一提，成格也要兼顧是身弱見印，還是身強見食，配合適宜才算是好格，這點書中並沒有言明。

又有合而不以合論者，何也？本身之合也。蓋五陽逢財，五陰遇官，俱是作合，惟是本身十干合之，不為合去。假如乙用庚官，日干之乙，與庚作合，是我之官，是我合之。何為合去？若庚在年上，乙在月上，則月上之乙，先去合庚，而日干反不能合，是為合去也。

怎麼樣才是合而不合，似乎難以理解，如果要認真地去解，就要詳細一點，令大家明白，首先，日主本身之合，要知八字中五陰干為：乙，丁，己，辛，癸，這五個天干的日主配正官，是一種正常的合作，例如夫妻，上司與下屬等，日主本身的原有性質，是不會被其合去的，即如乙木日主，即使遇上了庚金來剋合，本身不會變成了金，仍然是乙木，保持本

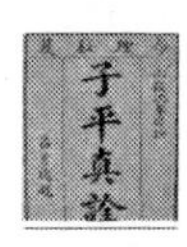

身的木性。

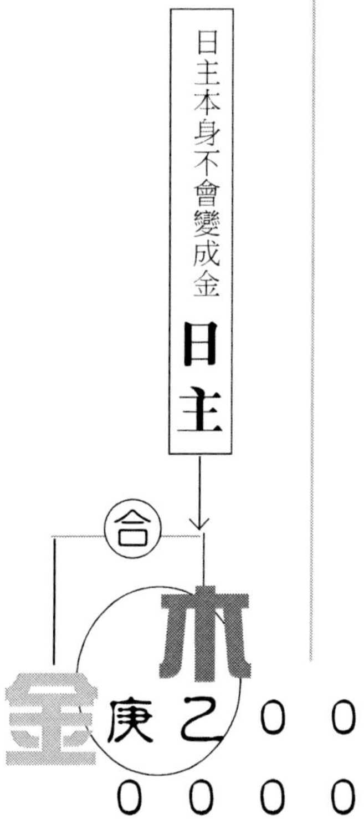

若乙木日主，身旺用庚官，這庚官為日主我的官星，是為我合它而去之，即以庚金在年干，乙木卻在月干作年月合，則為月干去合年干，這種日主以外之合，是日主我的兄弟、朋友或利益，若乙木日主身旺用庚官，這庚官為我的官星，是我合他而去之，即以庚金在年干，乙木在月干，作年月相合，則為月干去合年干，這種日主以外之合，是日主我的乙木弟友或利益遭官星合去，這是他合。

由於原文複雜，筆者會盡可能化繁為簡，關鍵是讀者要打好基楚。

註：真正合化關係，必須有系統地整理，讀者可先看本人的「八字基因」一書，理清合化操作模式。

以官為夫，丁日逢壬，是我之夫，是我合之，正如夫妻相親，其情愈密。惟壬在月上，丙年丁合之，日干之丁，反不能合，是以己之夫星，被姊妹合去，夫星透而不透矣。

女命以正官為夫星，如丁火日逢壬水即是，這是日主我合壬水，就如夫妻之親和，是以水來剋火，這個也是傳統的觀念。但是這官星在月柱上，年又見丁火合壬的話，於是這個日主丁，反而不能與壬官相合了。所以自己的夫星被同類合去，便表示其夫星出現「爭合」現象，至於書中說是「透而不透」，講法有點模糊不清，不如爭合來得明確。

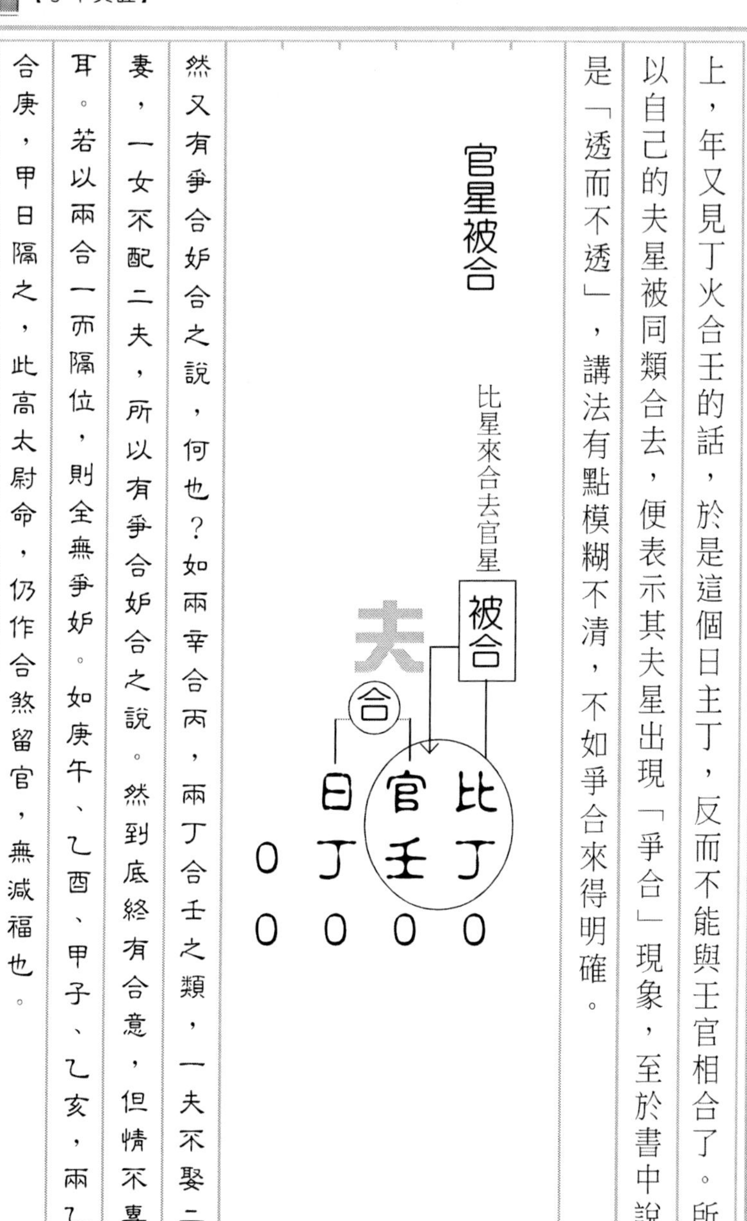

然又有爭合妒合之說，何也？如兩辛合丙，兩丁合壬之類，一夫不娶二妻，一女不配二夫，所以有爭合妒合之說。然到底終有合意，但情不專耳。若以兩合一而隔位，則全無爭妒。如庚午、乙酉、甲子、乙亥，兩乙合庚，甲日隔之，此高太尉命，仍作合煞留官，無減福也。

本文又說到有「爭合」這回事，一般六親法，男命以我剋者為妻，女命以剋我者為夫，這是八字基本法理，而看圖可知二合一，日主分身不下之象，可視為天干爭合現象，

至於原文指這種合是「終有合意，但情不專」，在基因法之上，這是日主「左合右合」，是命主其情不專之現象，當中又提到間隔一位則無爭合，如以下命例所示：

爭合日主

左合右合

妻	日	妻	
辛	丙	辛	０
０	０	０	０

爭合

其情不專

是否真的全無爭妒？說實在也得視乎全局情況而定，看看上命可以說是，仍有點爭妒，因為當遇到了歲運入原局時，雖不如前者爭合日主之情況嚴重，但也會引發一種爭合之現象。

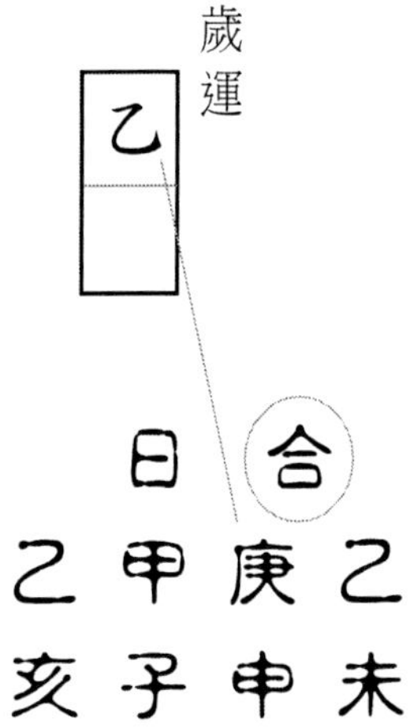

			歲運
			乙
	日	合	
乙	甲	庚	乙
亥	子	申	未

書中舉了一個古人命例，水滸傳的奸角高俅，說明天干相合，試以基因法來批算，甲本日主，生於酉月，正官司令，庚金七殺高透，支下甲木自坐亥子二水生旺甲乙木，命甚強旺，，可謂身強又得重殺合，卻命由旺中轉弱，透出庚金七殺，以酉金月令為根，格取乙庚合化之七殺，午火傷官無助，故只有小聰明，人無大才能，只懂弄權持勢。

由於大運早年行亥子北方，能生甲木之身，食傷入命又主能運用聰明小技，因支下得水而身旺，能夠擔起官殺之故，但行至己丑運，便出應

期，己合原局之甲木日主化土，支下丑合子水又化土，財來破印，亥水亦被合住不化，命中頓失化殺生身之效，故死於此運中。現代的史學家如此評論此人：「高俅原來只是蘇軾家的一個小史，也即書童、侍從，恃寵營私，侵奪軍營，以廣私第……」

七殺格

金

命例：高太尉命　高俅

	日		
乙	甲	乙	庚
亥	子	酉	午

合（乙庚）

合住不化（亥子）

己丑：破印　破財

大運：

丙	丁	戊	己
戌	亥	子	丑

在合化方面，有日主甲木間隔其中，便不影響乙庚之合，得取合煞留官之格，但這個七殺在天干，而正官在地支，基本上是沒有太大影響的，

除非官殺同透天干，其官殺混雜之力才大，這點也得補充。

最後指本命因此而無減福，應該不是指其正官格得以去殺的原因，反而是其命格不高，因命中之忌，因得運助，成無才有福之命，可惜其福亦不能持久，因行為缺德，這正正反映在己丑運之應期，重財破印，破局兼損用神之故，這樣解釋反而較為合理。

今人不知命理，動以本身之合，妄論得失；更有可笑者，書云「合官非為貴取」，本是至論，而或以本身之合為合，甚或以他支之合為合，如辰與酉合、卯與戌合之類，皆作合官。一謬至此子平之傳掃地矣！

這段是沈氏在當時對論命者論「合」的一些批評，只是論點不太明顯而複雜，又或者其本人不想講得太清楚吧。前賢徐樂吾先生對本文的評註，傾向於三命通會之合閒神論，但筆者看來又覺不太像，故不作妄斷，

只能就著原文所說作解。

合官非為貴取，這是當時的一個共同觀點，其意思應該是指命中有正官，但被合住或合去，令官星的作用有失，又以本身或地支之合入，隨便當成化官，不知辰酉或卯戌等合入，皆以化論，於是便有錯失了。

合化的整套理念和操作，依然是建議大家看看「八字基因」。

十干配合，有合而化，有合而不化者，本書未論合化，附誌於此。何謂能化？所臨之支，通根乘旺也。如上朱家寶造，乙庚相合，支臨申酉，即為化金：日元本弱，得此印助，方能以時上乙卯，泄秀為用，所謂印格食也。又如上某啞子造，庚申、乙酉、丁丑、庚戌，亦為化金，因合化而印被財破也（見前面性情章）

本篇是延伸上文的合化問題而來，看看其怎樣看待十天干合，如何能化（參考前天干相合圖），文中所示，天干所以能化，是基於地支的根，如乙庚合金要通根於地支的申或酉金，此為能化，八字原局中地支無金便不能化，但易氏基因法是以朱鵲橋老師的合化論為基礎，故有更進一步的要求，需月令之主氣，以月堤為引，即使申酉金在年日時支下有多少，無月支的申酉金氣，天干的乙庚亦不能化金，合住而力量減失，致於失多失少，主要看它支情況，地支有金，所失的少，地支無金引化，兩個合住不化的天干，都會失去起碼一半力量，其狀況便會反映在

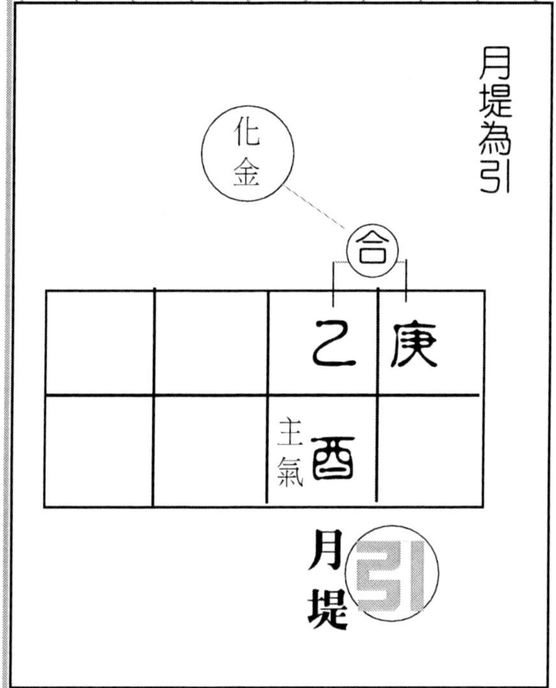

月堤為引

化金

合

		乙	庚
		主氣 酉	

月堤 引

六神之上。

五種干合須要用心記憶，能夠運用八字合化自如者，便已到達命理進級的一個階段。

且看看書中提出一啞子命例：

棄命從財

木 被合
金
合
棄命
庚丁乙庚
戌丑酉申
合
金
三會西方金

天干乙庚相合，得月令酉金主氣引化，本來命中身弱用印木，現在便因八字金重而不能用木，失去了印星的助力，這便會反映在本命的六親和

現實上，如以正格身弱而論，印為母及貴人，本命於這兩方面會有所不足，因為丁火身弱，重財臨身，只能權用地支的戌土，但申酉戌三會西方金局，丑土又與酉合化金，本命在易氏基因法中，是棄命從財格，反而不用印，順取土金為喜用神，故印被合也不以為忌。

與其採用書中的觀點，說本命因印被財破而成啞子，不如說逆了從格而五行不順金性，來得合理，因為本命初運行丙戌，丙坐火庫剋金之故，干支上下，火金相敵，無土通關，故而雙目失明。

逆從財格

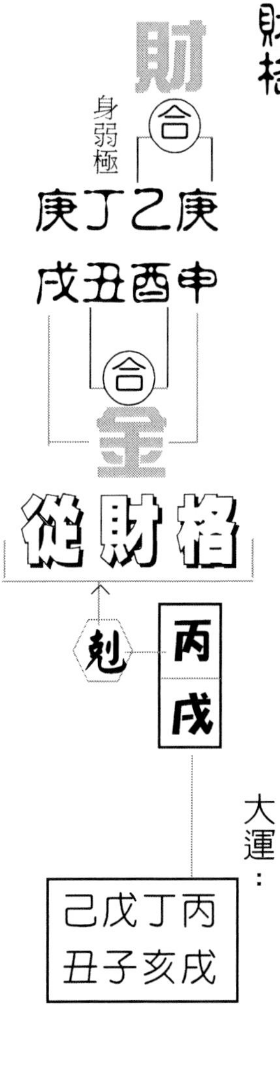

財

合

身弱極

庚丁乙庚

戌丑酉申

合

金

從財格

剋

丙

戌

大運：

己戊丁丙

丑子亥戌

六、論十干得時不旺失時不弱

書云，得時俱為旺論，失時便作衰看，雖是至理，亦死法也。然亦可活看。夫五行之氣，流行四時，雖日干各有專令，而其實專令之中，亦有並存者在。假若春木司令，甲乙雖旺，而此時休囚之戊己，亦嘗艷於天地也。特時當退避，不能爭先，而其實春土何嘗不生萬物，冬日何嘗不照萬國乎？

得時者是指日主生在當時得令的月份，即日主本身處於生旺而不是休囚的狀態，處於休囚便是失令，失時失令者多屬八字身弱。這個是論命的基礎，文中提出一個活法來，說五行四時之氣，雖然各有得令之月份，實則月令中的中氣和餘氣，都有發揮作用，當然主氣佔最大和最主要，中氣次要，餘氣則較弱，而各支所佔的比例，則每個地支都不同。

有些支藏三個五行的，如寅木，就藏甲丙戊，如以十分計算，甲木主氣佔5分，中氣丙佔3分，餘氣戊佔2分。支藏兩個五行的如亥藏壬甲，主氣壬佔7分，甲佔3分，酉金單藏一個辛金，主氣獨藏10分。餘者類推。

寅

甲丙戊
5 3 2
主 中 餘（氣）

亥

壬 甲
7 3
主 餘（氣）

酉

辛
10
主（氣）

為了令者更全面掌握十二地支的各種功用，後頁就以圖表列明，細分出地支的：五行屬性，根氣藏干，所配六神等。

（看圖表中：支藏干）

十神 日主 ＼ 支藏干	子	丑	寅	卯	辰
	癸	癸己辛	丙甲戊	乙	乙戊癸
甲	正印	正印 正財 正官	食神 比肩 偏財	劫財	劫財 偏財 正印
乙	偏印	偏印 偏財 偏官	傷官 劫財 正財	比肩	比肩 正財 偏印
丙	正官	正官 傷官 正財	比肩 偏印 食神	正印	正印 食神 正官
丁	偏官	偏官 食神 偏財	劫財 正印 傷官	偏印	偏印 傷官 偏官
戊	正財	正財 劫財 傷官	偏印 偏官 劫財	正官	正官 比肩 正財
己	偏財	傷官 正印 劫財	正印 正官 劫財	偏官	偏官 劫財 偏財
庚	傷官	偏官 正印 劫財	偏官 偏財 偏印	正財	正財 偏印 傷官
辛	食神	食神 偏印 比肩	正官 正財 正印	偏財	偏財 正印 食神
壬	劫財	劫財 正官 正印	偏財 食神 偏官	傷官	傷官 偏官 劫財
癸	比肩	比肩 偏官 偏印	正財 傷官 正官	食神	食神 正官 比肩

亥	戌	酉	申	未	午	巳
壬 甲	丁 戊 辛	辛	戊 庚 壬	乙 乙 丁	丁 乙	庚 丙 戊
偏印 比肩	傷官 偏財 正官	正官	偏財 偏官 偏印	劫財 正財 傷官	傷官 正財	偏官 食神 偏財
正印 劫財	食神 正財 偏官	偏官	正財 正官 正印	比肩 偏財 食神	食神 偏財	正官 傷官 正財
偏官 偏印	劫財 食神 正財	正財	食神 偏財 偏官	正印 傷官 劫財	劫財 傷官	偏財 比肩 食神
正官 正印	比肩 傷官 偏財	偏財	傷官 正財 正官	偏印 食神 比肩	比肩 食神	正財 劫財 傷官
偏財 偏官	正印 比肩 傷官	傷官	比肩 食神 偏財	正官 劫財 正印	正印 劫財	食神 偏印 比肩
正財 正官	偏印 劫財 食神	食神	劫財 傷官 正財	偏官 比肩 偏印	偏印 比肩	傷官 正印 劫財
食神 偏財	正官 偏印 劫財	劫財	偏印 比肩 食神	正財 正印 正官	正官 正印	比肩 偏官 偏印
傷官 正財	偏官 正印 比肩	比肩	正印 劫財 傷官	偏財 偏印 偏官	偏官 偏印	劫財 正官 正印
比肩 食神	正財 偏官 正印	正印	偏官 偏印 比肩	傷官 正官 正財	正財 正官	偏印 偏財 偏官
劫財 傷官	偏財 正官 偏印	偏印	正官 正印 劫財	食神 偏官 偏財	偏財 偏官	正印 正財 正官

況八字雖以月令為重，而旺相休囚，年月日時，亦有損益之權，故生月即不值令，而年時如值祿旺，豈便為衰？不可執一而論。猶如春木雖強，金太重而木亦危。干庚辛而支酉丑，無火制而晃富，逢土生而必夭，是以得時而不旺也。秋木雖弱，木根深而木亦強。干甲乙而支寅卯，遇官透而能受，逢水生而太過，是失時不弱也。

這裡又反過來思考月令問題，到底是否單單由月令來支配一切，顧名思義，月令之令者，司令是也，由他來控制大局，這是理所然的，而今又考慮到八字中，月支以外，年月時等六個干支（日干月支不計），衡量與月支誰輕誰重，如此又會產生不一樣的效果來，於是便得出「旺弱休囚」這四種量度標準來。

五行的強弱旺衰，分為旺、相、休、囚、死的狀態。旺是指旺盛的狀態，相是指次旺盛，休是指休的無事，囚是指衰落被囚，死是指被制洩無生氣。每個季節都對應著一個旺、相、休、囚、死的五行。

春季草木生長旺盛，木處於旺的狀態。木能生火，木旺自然火，故以春季火處於次旺盛的狀態中。因水能生木，木正旺盛，所以水不再發揮功用，便退而求休。木旺而金能剋木，金氣用以制木、自身處於被囚之狀態中。木剋土，木旺盛，被剋之土全無生機，故而死。

在批命過程中，很多時須要以日主得出來的強弱度，再與月令旺弱休囚相比較，再得出一個身旺與身弱的結果來。

這當然須要豐富的經驗才能達到，因

四季	春		夏		西南长夏		秋		冬	
五行	木		火		中央		金		水	
天干	甲	乙	丙	丁	戊	己	庚	辛	壬	癸
木	旺		休		囚		死		相	
火	相		旺		休		囚		死	
土	死		相		旺		休		囚	
金	囚		死		相		旺		休	
水	休		囚		死		相		旺	

此作者在八字基因裡舉出了「三判法」，基本上定出一個準則來，在「課堂講記」中，列出了所有干支和所坐位置，所值的度數，好令讀者們能計算出日主旺弱程度，以判斷出最終目的：這個命是入何種「格局」，以判命運吉凶。更在「六神通識」中，開創出更完備的強弱次序，分別為：

強旺、強、旺、平、弱、敗、敗生（比傳統的旺相休囚死多了兩個氣）

註：作者開發出來的app手機程式，基本上可以輸入出生日期，按鍵即計出日主旺弱和所配本命格局。

請在手機商店搜尋並下載：八字基因

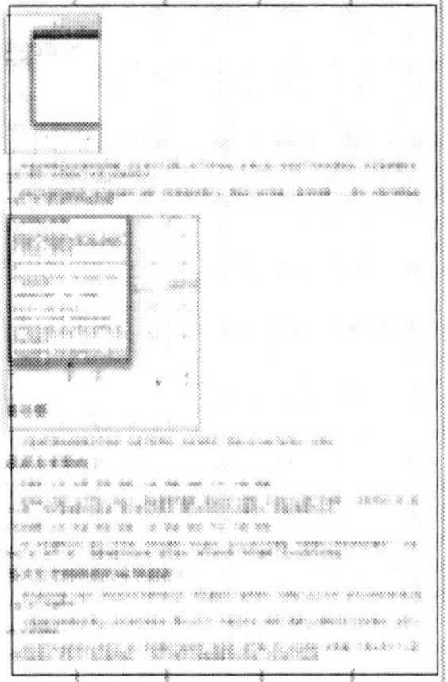

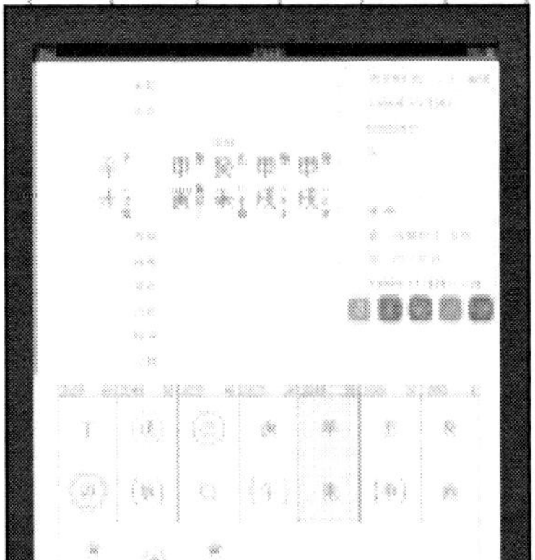

程式簡介網址：comics.gen.hk/i00-app.htm

是故十干不論月令休囚，只要四柱有根，便能受財官食神而當傷官七煞。長生祿旺，根之重者也；墓庫餘氣，根之輕者也。得一比肩，不如得支中一墓庫，如甲逢未、丙逢戌之類。乙逢戌、丁逢丑，不作此論，以戌中無藏木，丑中無藏火也。得二比肩，不如得一餘氣，如乙逢辰、丁逢未之類。得三比肩，不如得一長生祿刃，如甲逢亥子寅卯之類。

1得一比肩，不如得支中一墓庫

2得二比肩，不如得一餘氣

3得三比肩，不如得一長生祿刃

得1　得3　得2

比肩		比肩	比肩
丙	丙	丙	丙
戌	寅	午	戌
餘氣	建祿	羊刃	墓庫

地支　天干

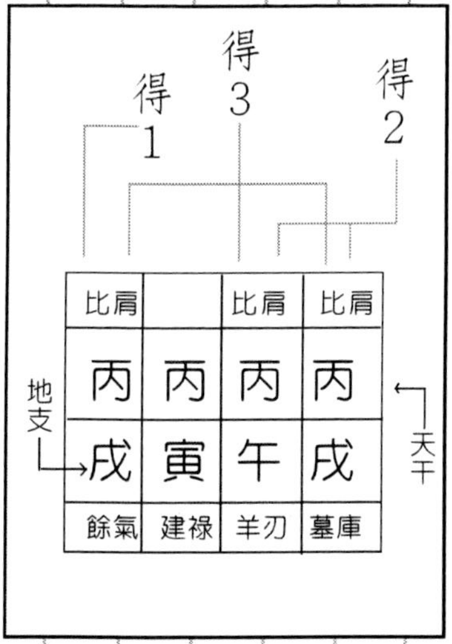

日元所坐地支，不論月令休囚與否，只要還有生助之根，便可接收正財正官和食神的好處，當得起傷官和七殺之壓力，如日元見祿旺之根為重，墓庫中只有自身的餘氣，故屬於根輕，故有個說法，得一比肩不如得一墓庫之餘氣，得三比肩不如得一長生祿旺之根氣。

陰長生不作此論，如乙逢午、丁逢酉之類，然亦為明根，比得一餘氣。蓋比劫如朋友之相扶，通根如室家之可住；干多不如根重，理固然也。今人不知命理，見夏水冬火，不問有無通根，便為之弱。

長生有陽進陰退之情況（前已作解），故屬陰的天干坐下見午，是為長生，但卻是木生火洩氣的五行，故即使是長生也力量不足，反不如得一個餘氣之力，這個論點還須要詳細計算。另說到比劫就如兄弟朋友與同類之扶持，支下有同五行根氣者，是為通根，故形容為有家室之可入住。

至於天干和地支的關係，主要是天干看表象，地支看力量，兩者的輕重則天干不及地支，故有干多不如根重之說，故火生冬月未必就弱，只要根氣足，便不算弱。

更有陽干逢庫，如壬逢辰、丙坐戌之類，不以為水火通根身庫，甚至求刑沖開之。此種謬論，必宜一切掃除也。

陽干坐庫者，如丙坐戌庫與壬逢辰庫，應該看成日主有根，有些說墓庫要沖開才能用，忽略了庫內之主氣本身力量，是一種謬誤，這是原著者的個人見解，而墓庫之說，實在涉及了四時土在四季之中間，內裡大有文章，但這已不是本段要講解的課題了。

七、論刑沖會合解法

刑者，三刑也，子卯巳申子類是也。沖者，六沖也，子午卯酉之類是也，會者，三會也，申子辰之類是也。合者，六合也，子與丑合之類是也。此皆以地支宮分而言，係對射之意也。三方為會，朋友之意也。並對為合，比鄰之意也，至於三刑取義，姑且闕疑，雖不知其所以然，於命理亦無害也。

本文是講地支的各種刑沖會合，指是宮位對角線，用文字不如用圖示來得清楚，大家可以看圖表。至於本書對：方會、三合、三刑與六合，都有略作解釋其意義，至於三刑並不重視，且抱著存疑態度，而對相害，原著更無理會。

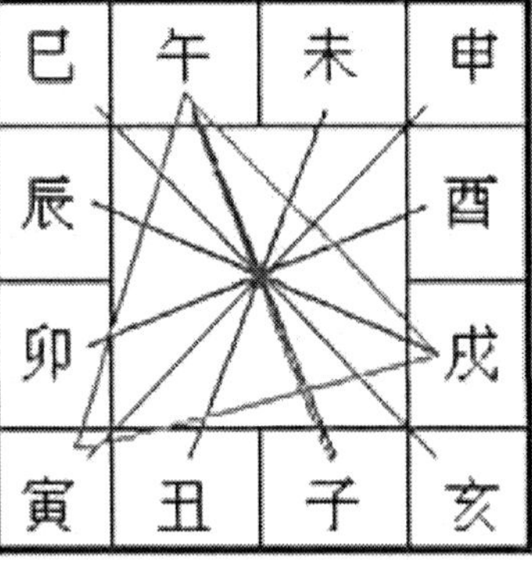

對角線為沖，三角為三合

地支刑衝克害表（注意：地支相害，近代已極少採用）

	子	丑	寅	卯	辰	巳	午	未	申	酉	戌	亥
子		合		刑	三合		沖	害	三合	破		
丑	合				破	三合	害	刑沖		三合	刑	
寅						刑害	三合		刑沖		三合	合破
卯	刑				害		破	三合		沖	合	三合
辰	三合	破		害	刑				三合	合	沖	
巳		三合	刑克						合刑破	三合		沖
午	沖	害	三合	破			刑	合			三合	
未	害	刑沖		三合			合				刑破	三合
申	三合		刑沖		三合	合刑破						害
酉	破	三合		沖	合	三合				刑	害	
戌		刑	三合	合	沖		三合	刑破		害		
亥			合破	三合		沖		三合	害			刑

八字支中，刑沖俱非美事，而三合六合，可以解之。假如甲生酉月，逢卯則沖，而或支中有戌，則卯與戌合而不沖；有辰，則酉與辰合而不沖；有亥與未，則卯與亥未會而不沖；有巳與丑，則酉與巳丑會而不沖。是會合

可以解沖也。又如丙生子月，逢卯則刑，而或支中有戌，則與戌合而不刑；有丑，則子與丑合而不刑；有亥與未，則卯與亥未會而不刑；有申與辰，則子與申辰會而不刑。是會合可以解刑也。

八字的刑沖關係，一般以沖為重，而這裡要講的是合可解沖，這對論命是至為重要的，沖是一種受剋而採取正面對抗，這反映在各種六神中的不同意義上，若以丙火日元，地支六沖，主要分成三種，四正沖，四長生沖和四墓庫沖，這三種沖的意義各有不同，但命主都會受到一定的沖擊，有說喜來沖忌，或用神沖忌神則無礙，但也有說會兩敗俱傷，即使沖贏了，自己亦難免需要付出沉重代價，因此傳統命理不喜沖，要用合來解之，就是基於這個道理。

這裡也把刑套入，以合可解刑論，這個在現代推命時，卻較少用到，一般都只用在合沖之上。

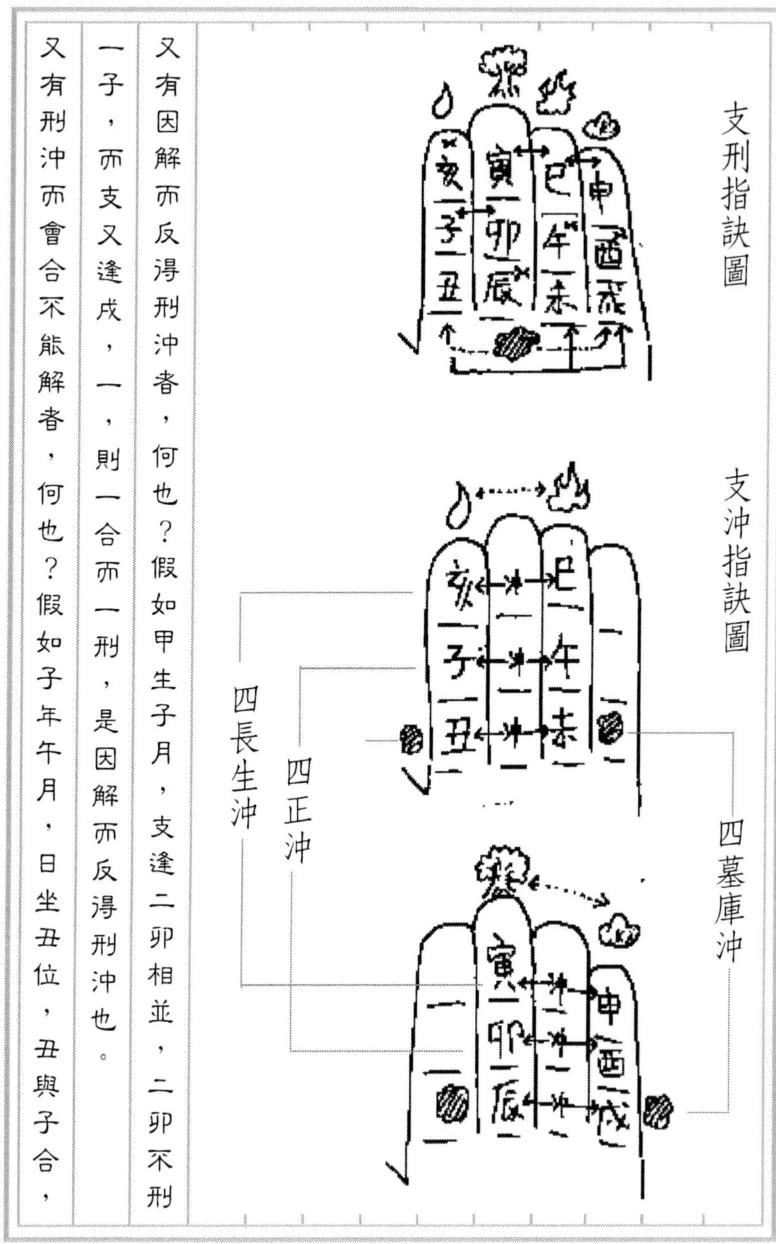

又有因解而反得刑沖者，何也？假如甲生子月，支逢二卯相並，二卯不刑一子，而支又逢戌，一，則一合而一刑，是因解而反得刑沖也。

又有刑沖而會合不能解者，何也？假如子年午月，日坐丑位，丑與子合，

可以解沖，而時逢巳酉，則丑與巳酉會，而子復沖午；子年卯月，日坐戌位，戌與卯合，可以解刑，而或時逢寅午，則戌與寅午會，而卯复刑子。

是會合而不能解刑沖也。

這裡又提及二不沖一和二不刑一的古法立論，但在近賢的看法已不一樣，只因二者勢眾，怎不能刑沖一？這不合理，更且這是夾剋與夾刑，其沖剋之力更重才對。

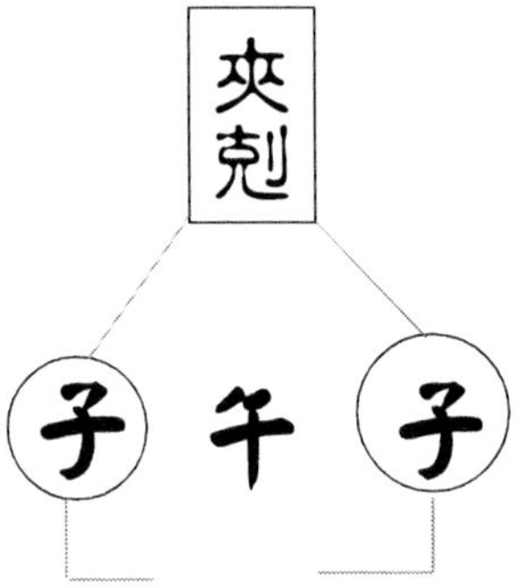

夾剋

子 午 子

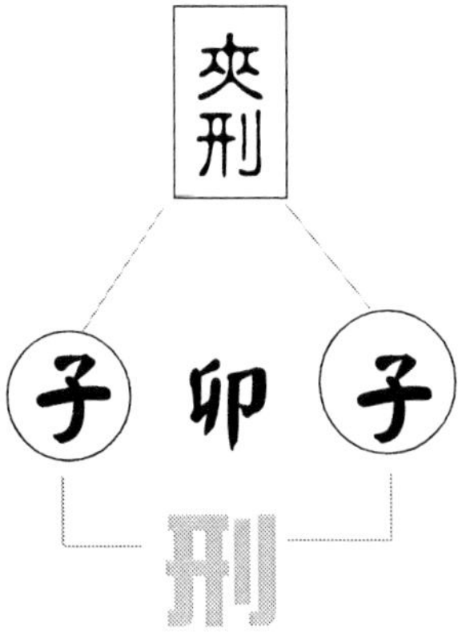

夾刑

子 卯 子

刑

另外，子卯本刑，本命卯戌合而解子卯刑，但見歲運寅木進入原局，構成寅午戌之會局，故而令年月子卯之刑回復。這種說法，到底是否成立呢？可謂見仁見智，也有一說是沖合及刑合並見，這還看形勢而定，三合與三會能解沖，因合之力強於沖，至於半合與六合只單方之合，解沖之力減半，其沖力亦有所失。

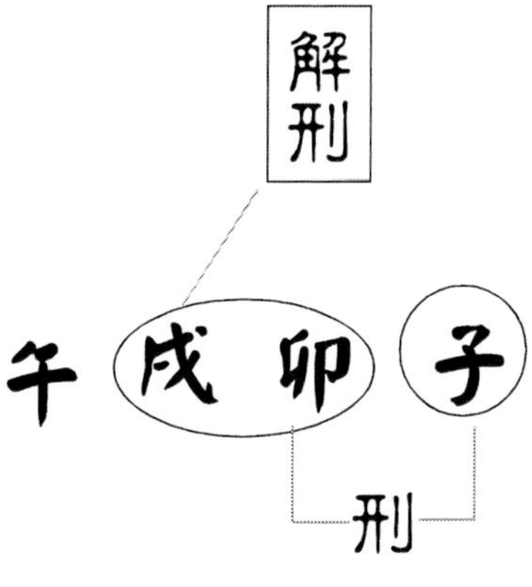

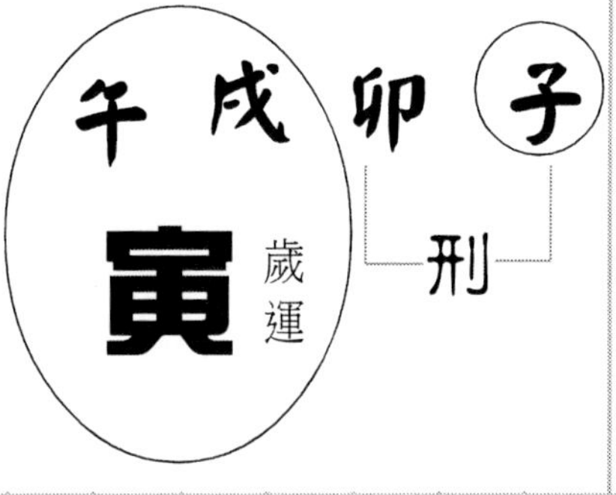

沖 解 合

解刑

午 戌 卯 子

刑

午 戌 卯 子

寅 歲運

刑

更有刑沖而可以解刑者，何也？蓋四柱之中，刑沖俱不為美，而刑沖用神，尤為破格，不如以另位之刑沖，解月令之刑沖矣。假如丙生子月，卯以刑子，而支又逢酉，則又與酉沖不刑月令之官。甲生酉月，卯日沖之，而時逢子立，則卯與子刑，而月令官星，沖之無力，雖於別宮刑沖，六親不無刑剋，而月官猶在，其格不破。是所謂以刑沖而解刑沖也。

這裡指有進一步的刑沖解說，並以簡單例子說明，如丙日生於子月，官星得令者，支下卯木來刑正官，但地支又有酉金沖卯，制住卯木，令其不損我日主之正官，因此認為好。

又甲日生於酉月，同樣正官司令，卯日來沖，但得時支子水，作子卯相刑，故令酉金官星得以保存實力。兩者同以正星為吉，但還須要旺弱得宜，取得其用方準，其餘道理都在於此，包括六親情況亦在內。

卷二

用之神與格局關係

八、論用神

八字用神，專求月令，以日干配月令地支，而生尅不同，格局分焉。財官印食，此用神之善而順用之者也；煞傷劫刃，用神之不善而逆用之者也。當順而順，當逆而逆，配合得宜，皆為貴格。

八字用神是算命的準則，不懂運用便是算命的門外漢，因此用神之理，必須十分清晰明確，這才算對八字推命學有所研究。

用神，專求月令，是簡單地在月支上求取，何解，因為月令是全局的司令官，故以月支的主氣為先，中餘氣為後備，看有何氣透干或勢眾者，以取決命中之用神。

其實還要先取格局，後取用神，然而選格局又是另一個學問，原著以財官印食等四吉正星順用為喜，以四偏星煞傷劫刃（刃與劫同，沒提偏印）

為逆取用，只要當順而順，當逆而逆便可，不損其貴。

另外很值得一提的，是前賢徐樂吾先生在其「子平真詮評註」一書中，他很用心地介紹了各種傳統命格，很值得讀者閱讀，而人命格局，則仍以基因法之八格配五變局為重。

在傳統用神法中，主要有以下五種取用方法：

1扶抑，2病藥，3調候，4專旺，5通關

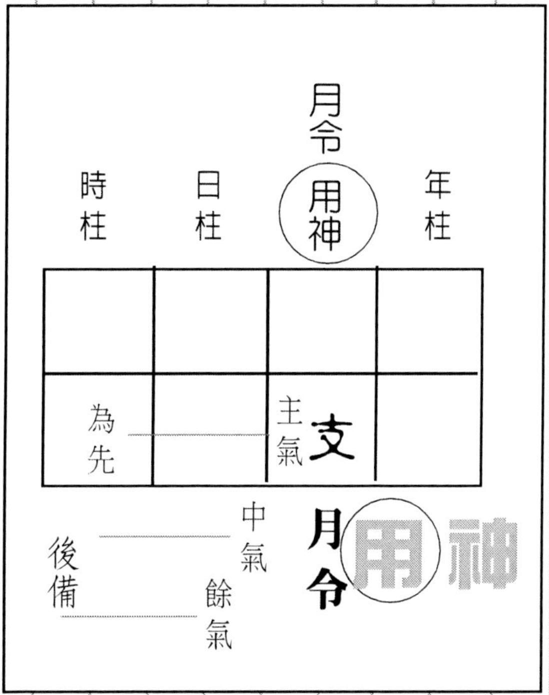

是以善而順用之，則財喜食神以相生，生官以護財；官喜透財以相生，生印以護官；印喜官煞以相生，劫才以護印；食喜身旺以相生，生財以護食。不善而逆用之，則七煞喜食神以制伏，忌財印以資扶；傷官喜佩印以制伏，生財以化傷；陽刃喜官煞以制伏，忌官煞之俱無；月劫喜透官以制伏，利用財而透食以化劫。此順逆之大路也。

論命者只要善用順取的四吉用神，如正財以食神相生，正官以正財相生，生用神的都屬喜神，皆為命中所取。正星相生故然是喜，偏星逆用者，如七煞用食神制之則成食神制殺格，但忌行財扶殺及印扶殺者，卻又無甚根據，只要合乎身弱扶持，身旺減持的基理，便應無所忌。

其餘又指傷官喜佩印生財以制傷，是為傷官佩印格，同為傳統的上格，原因是身弱者見傷官洩氣，用正印扶身而得保日主健旺。至於說陽刃劫財喜見官殺制，是為陽刃駕殺格，是主威名之命，不可以無官殺以制伏，如屬身旺，日元強時，更透財星以承擔食神官殺與財星之耗洩，故月令之真神得用，主氣月刃得顯時，是為一代猛將及梟雄，用印去化殺則不同，貴而得仁心，卻需要身弱。

貴而得仁

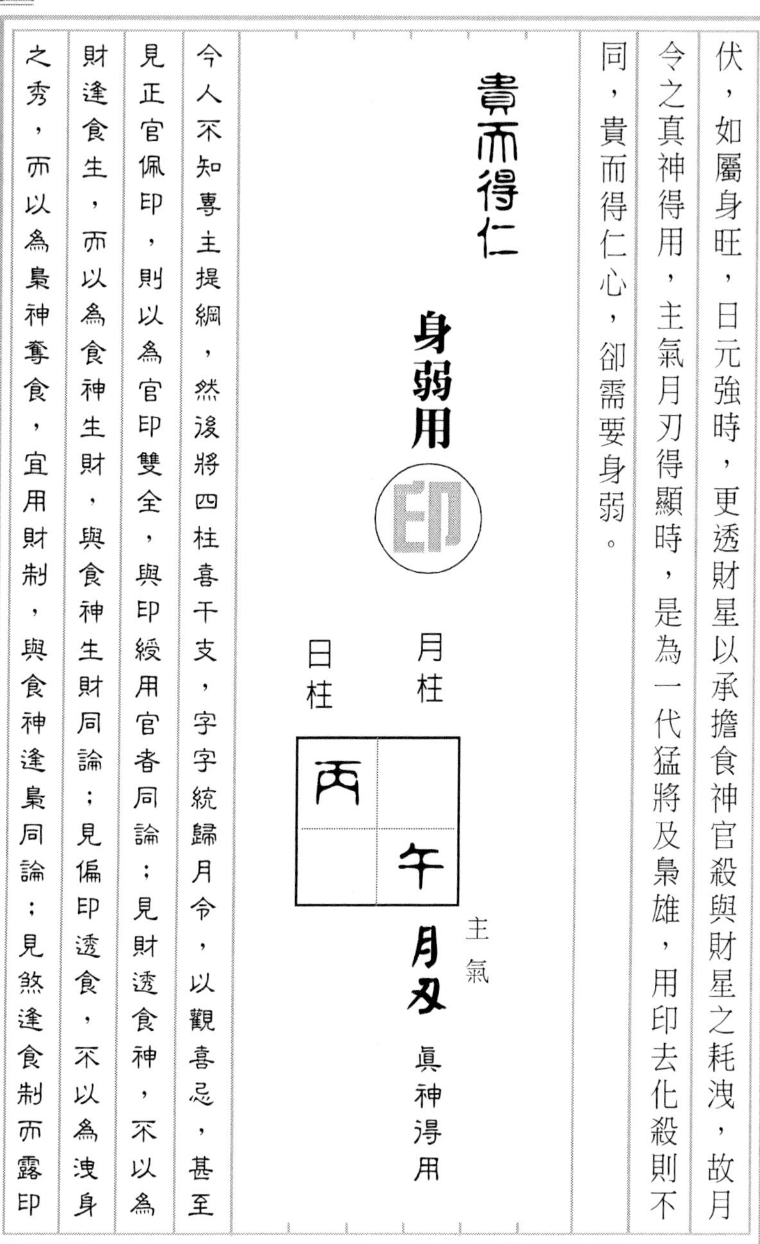

令人不知專主提綱，然後將四柱喜干支，字字統歸月令，以觀喜忌，甚至見正官佩印，則以為官印雙全，與印綬用官者同論；見財透食神，不以為財逢食生，而以為食神生財，與食神生財同論；見偏印透食，不以為洩身之秀，而以為梟神奪食，宜用財制，與食神逢梟同論；見煞逢食制而露印

者，不為去食護煞，而以為煞印相生，與印綬逢煞者同論；更有煞格逢刃，不以為刃可幫身制煞，而以為七煞制刃，與陽刃露煞者同論。此皆由不知月令而妄論之故也。

本編主要想講不能單單以月令為定格局的工具，其理如上文，再舉一些例子而已，至重要還是「判旺弱」，只要捉住此點，便不會變得思想混亂了。

身旺

身弱

旺弱

然亦有月令無用神者，將若之何？如木生寅卯，日與月同，本身不可為用，必看四柱有無財官煞食透干會支，另取用神；然終以月令為主，然後尋用，是建祿月劫之格，非用而即用神也。

月令無用神之說，其實也很普遍，當然真神得用是最理想的，即以月令這司令的主氣為用，但未必每個命都能夠專取月令為用，這時退而求其次，在月令以外取亦無可厚非。

書中以命理說明，以木日主，生寅卯月，得木之旺氣，日與月同而不可為用，這解釋似乎不合理，應該簡單地指，木日主生寅卯月身旺者，須透財官殺食這些剋洩之星，或地支有會合祿刃劫比，則本命成建祿或月刃格，身更強旺，更不能用自黨之水木印比。

九、論用神成敗救應

用神專尋月令，以四柱配之，必有成敗。何謂成？如官逢財印，又無刑沖破害，官格成也。財生官旺，或財逢食生而身强帶比，或財格透印而位置妥貼，兩不相剋，財格成也。印輕逢煞，或官印雙全，或身印兩旺而用食傷洩氣，或印多逢財而財透根輕，印格成也。食神生財，或食帶煞而無財，棄食就煞而透印，食格成也。身强七煞逢制，煞格成也。傷官生財，或傷官佩印而傷官旺，印有根，或傷官旺、身主弱而透煞印，或傷官帶煞而無財，傷官格成也。陽刃透官煞而露財印，不見傷官，陽刃格成也。建祿月劫，透官而逢財印，透財而逢食傷，透煞而遇制伏，建祿月劫之格成也。

這一篇主要論格局之成敗，是十分重要的批命課題，先說用神專尋月令，即從月支主中餘氣裡找，配以四柱的干支，看其成與敗。被定義為格局成者，主要觀察六神得失，又用神有喜神生助。

1官格成：正官格命，得見財印者，即能平衡身之旺弱，財消時日主有印生扶之故。

2財格成　3印格成　4煞格成　5傷官格成　6陽刃格成　7建祿月劫之格成

各種格局的成就，要視乎干支的平衡，都基於身旺弱，其次最好便能夠取得上述用神與格局二者配合，即：

1扶抑，2病藥，3調候，4專旺，5通關。

原文列舉了不少成功取格的例子。

八格圖

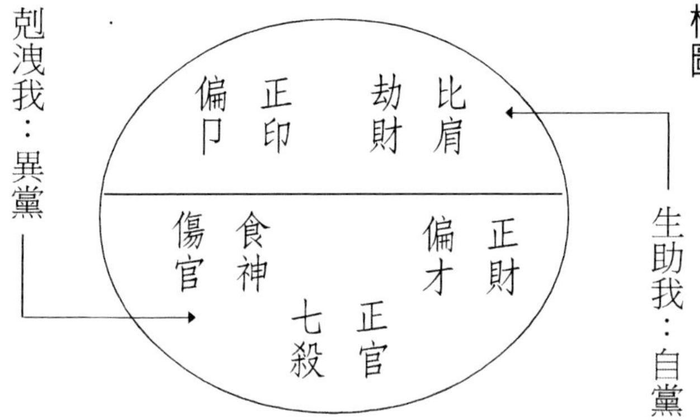

何謂敗？官逢傷剋刑沖，官格敗也；財輕比重，財透七煞，財格敗也；印輕逢財，或身強印重而透煞，印格敗也；食神逢梟，或生財露煞，食神格敗也；七煞逢財無制，七煞格敗也；傷官非金水而見官，或生財生帶煞，或佩印而傷輕身旺，傷官格敗也；陽刃無官煞，刃格敗也；建祿月劫，無財官，透煞印，建祿月劫之格敗也。

官場上至怕風雲起跌不定，地支刑沖會造成人事動盪不安。財殺並透要身旺方能承擔，否則易招折損，正印不宜財破，主有損恩義，偏印奪食者小人是非纏身，七殺無制惹禍，傷官見官主犯官非（傷官傷盡即入從兒格反而不忌），身旺傷輕印重易生疾礙，陽刃無制者禍己及身親，刃祿臨身而無財官主貧困，旺極更見殺印，膽大犯法。

以上都是各種格局失敗時，所導致的影響。

成中有敗，必是帶忌；敗中有成，全憑救應。何謂帶忌？如正官逢財而又逢傷；透官而又逢合；財旺生官而又逢傷逢合；印透食以洩氣，而又遇財露；透煞以生印，而又透財，以去印存煞；食神帶煞印而又逢財；七煞逢食制而又逢印；傷官生財而財又逢合；佩印而印又遭傷，透財而逢煞，是皆謂之帶忌也。

這個成中敗，敗中成的情況，可謂複雜，這裡以第三方之破壞與合去，作為敗的因素，比如正官格者，身旺有財來生，本屬財官雙美，但又見傷官，便指為敗，但要注意的是，傷官是先生財而不是剋官的，傷生財，財生官，實際上仍可順生官星，又說印格透食洩秀時

成中有敗

敗中有成

敗

合去

破壞

見財，透煞生印同見財等等論點都如是，可以三行順生，故不能言之敗。

另一個論點，是財官為喜用神得透，但遇到合住，發揮不到作用，若是合財的比肩，便會造成見財化水了，於是這便屬成中有敗。

筆者還可以提供一種更貼切的成中有敗情況，就是「回剋」，例如丙日主身弱，擔不起財官，卻命透財官，遇到劫財連根來幫身，但不去助日主，卻去剋財，遭到財生官回剋劫財，這就是成中有敗了。

成中有敗

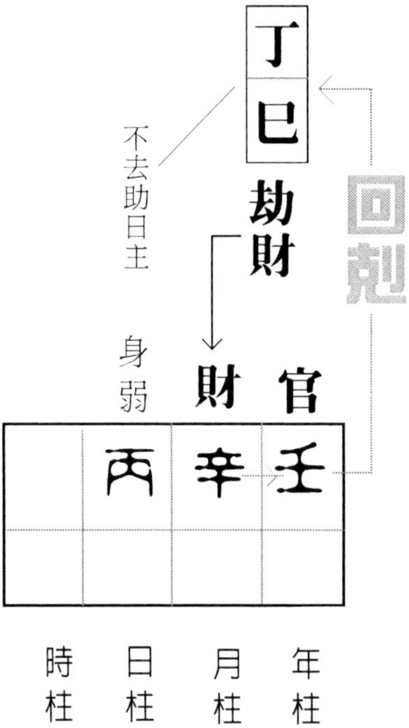

時柱	日柱	月柱	年柱
	身弱	財	官
	丙	辛	壬

丁巳 劫財（不去助日主）→ 財；官 回剋 → 劫財

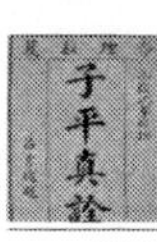

何謂救應？如官逢傷而透印以解之，雜煞而合煞以清之，刑沖而會合以解之；財逢劫而透食以化之，生官以制之，逢煞而食神制煞以生財，或存財而合煞；印逢財而劫財以解之，或合財而存印；食逢梟而就煞以成格，或生財以護食；煞逢食制，印來護煞，而逢財以去印存食；傷官生財透煞而煞逢合；陽刃用官煞帶傷食，而重印以護之；建祿月劫用官，遇傷而傷被合，用財帶煞而煞被合，是謂之救應也。

八字妙用，全在成敗救應，其中權輕權重，甚是活潑。學者從此留心，能於萬變中融以一理，則於命之一道，其庶幾乎。

至於敗中有成者，即指有了救星，例如丙火日主身弱，官傷同見，再透正印，制傷助日旺主，是主敗中有成。此外有喜用神透時，遭到忌神而被合住，會因此凶而不凶。總而言之，拆穿了就是命中有忌仇神時，遇到救應的喜用神來就是，最重要是不拘泥，靈活變通。

十、論用神變化

用神既主月令矣，然月令所藏不一，而用神遂有變化。如十二支中，除子午卯酉外，餘皆有藏，不必四庫也。即以寅論，甲為本主，如郡之有府，丙其長生，如郡之有同知，戊亦長生，如郡之有通判；假使寅月為提，不透甲而透丙，則如知府不臨郡，而同知得以作主。此變化之由也。

十二個地支分成了三組：子午卯酉屬四正組，寅申巳亥屬四長生組，辰戌丑未屬四庫組，只有四正子午卯酉是單一主氣，其實午中是藏丁巳二氣的，這裡以寅木論，支藏主氣甲木，是為一城之主，中氣丙屬郡中知府，餘氣戊則為通判，要去解釋這些地方官名，有點費時失事，倒不如說得簡單一點、現代一點吧，以主氣為老板，中氣如經理，餘氣像員工，這樣相信讀者會易明一些。

老板不在

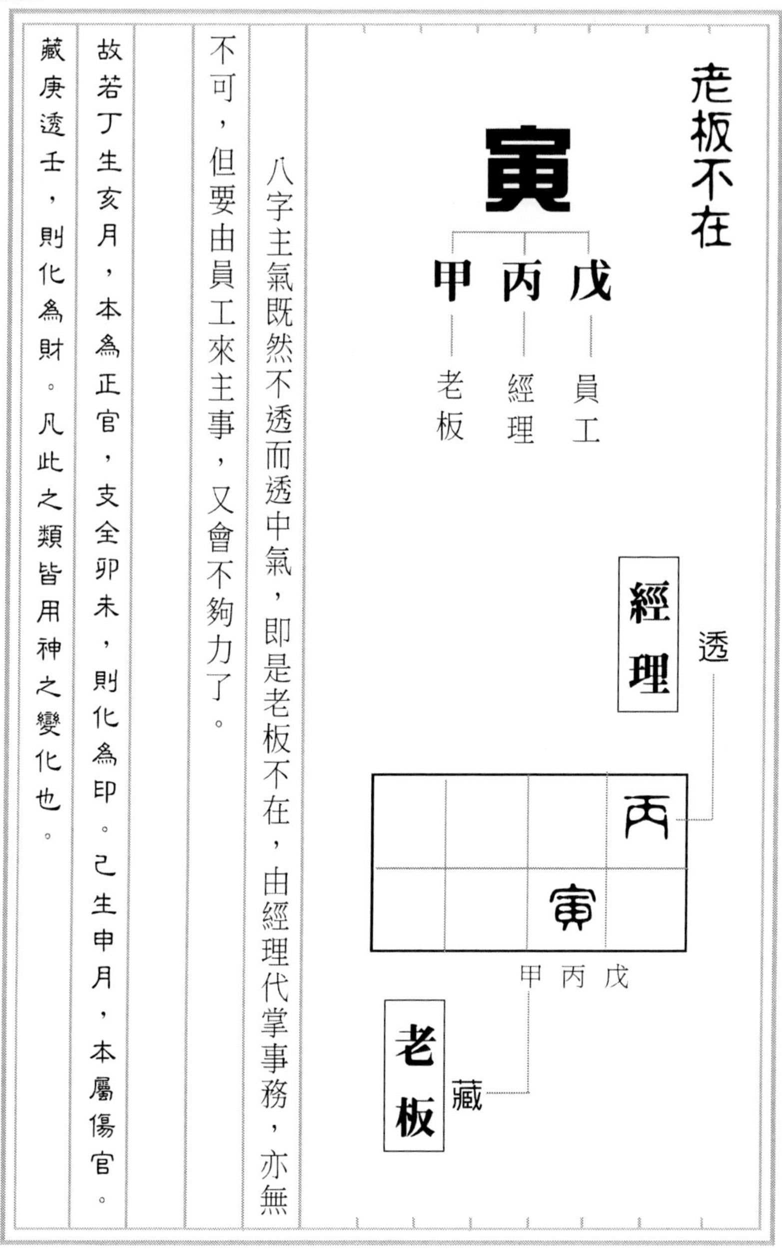

八字主氣既然不透而透中氣，即是老板不在，由經理代掌事務，亦無不可，但要由員工來主事，又會不夠力了。

故若丁生亥月，本為正官，支全卯未，則化為印。己生申月，本屬傷官。藏庚透壬，則化為財。凡此之類皆用神之變化也。

這裡舉了一個命例以解釋用神之變化，丁日生於亥月，支下有卯未成亥卯未三合，如成化便把亥水也化成了印星木局，另己日主生申月，申藏庚主氣和壬餘氣，但天干不透庚金而透壬水，說是藏庚透壬，傷官也化為財，這不算是合，除非是支下巳申合，化成水財吧，這樣月申才會化。

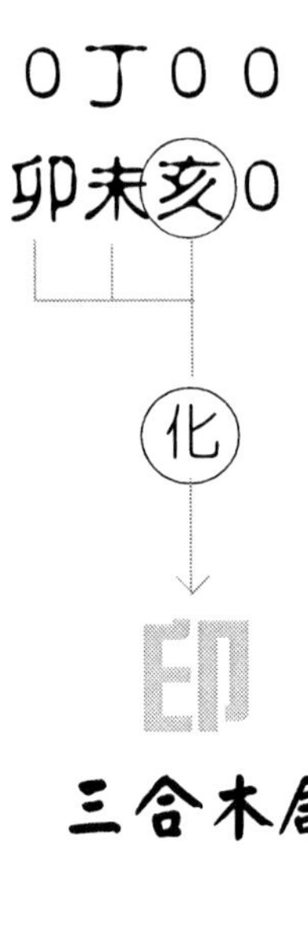

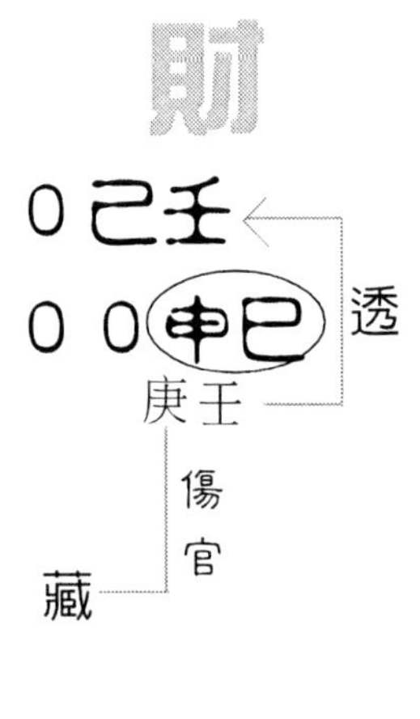

變之而善，其格愈美；變之不善，其格遂壞，何謂變之而善？如辛生寅月，逢丙而化財為官；壬生戌月逢辛而化煞為印。癸生寅月，不專以煞論。此二者以透出而變化者也。癸生寅月，月令傷官秉令，藏甲透丙，會午會戌，則寅午戌三合，傷化為財；加以丙火透出，完全作為財論，即使不透丙而透戊土，亦作財旺生官論。蓋寅午戌三合變化在前，不作傷官見官論也。乙生寅月，月劫秉令，會午會戌，則劫化為食傷，透戊則為食傷生財，不作比劫爭財論。此二者因會合而變化者。因變化而忌化為喜，為變之善者。

用神的變化，在論命時必須計算清楚，理解上，八字用神變化，善則為喜，不善者忌，理所當然，如辛日主，生於寅月，透丙火，化財為官，說來簡單，原來是指月支寅木的主中二氣，但丙辛之合無月中之水，是不成化的，只能合住。

另癸水日元生寅月，命透丙火，中氣出干，主氣甲則藏於月令，支下寅午戌三

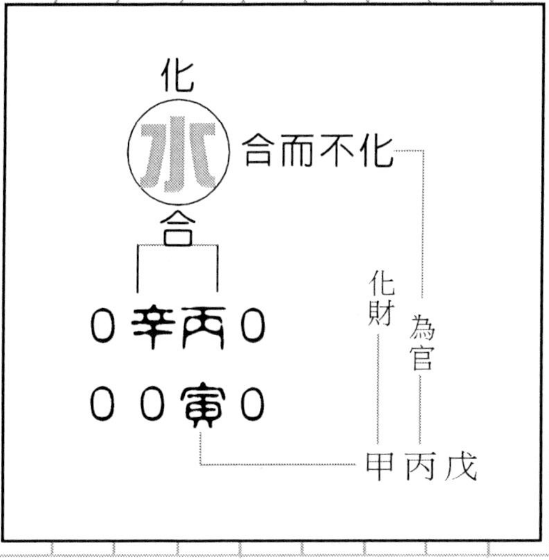

化
水
合而不化
合
O辛丙O
O O寅O
化財
為官
甲丙戊

合火局，便不是傷官見官，因丙火出干而中氣得化，土亦化為火財，但若不透丙而透土，則以財官並重論，因傷官在三合之內，亦不作傷官見官論。

又有變之而不失本格者。如辛生寅月，透丙化官，而又透甲，格成正財，正官乃其兼格也。乙生申月，透壬化印，而又透戊，則財能生官，印逢財而退位，雖通月令，格成傷官，而戊官忌見。丙生寅月，午戌會劫，而又或透甲，或透壬，則仍為印而格不破。丙生申月，逢壬化煞，而又透戊，則食神能制煞生財，仍為財格，不失富貴。如此之類甚多，是皆變而不失本格者也。是故八字非用神不立，用神非變化不靈，善觀命者，必於此細詳之。

這段又有用神變之而不失其本格，且還有官兼其格的說法，都是想講天干有合化之干透出，前者是官雖被合，仍兼有正官格之力，但沒有進一步解釋，實際上這官星如被化去，官星便等於無，只是有名無實而已。

原著前後的種種論述，都只以四吉和四凶的正偏星立論，其簡單化了子平論命，卻複雜化了用神定義，故用神之喜，簡而言之，都是身旺身弱為先，其次再論正偏星，如此較為妥善。

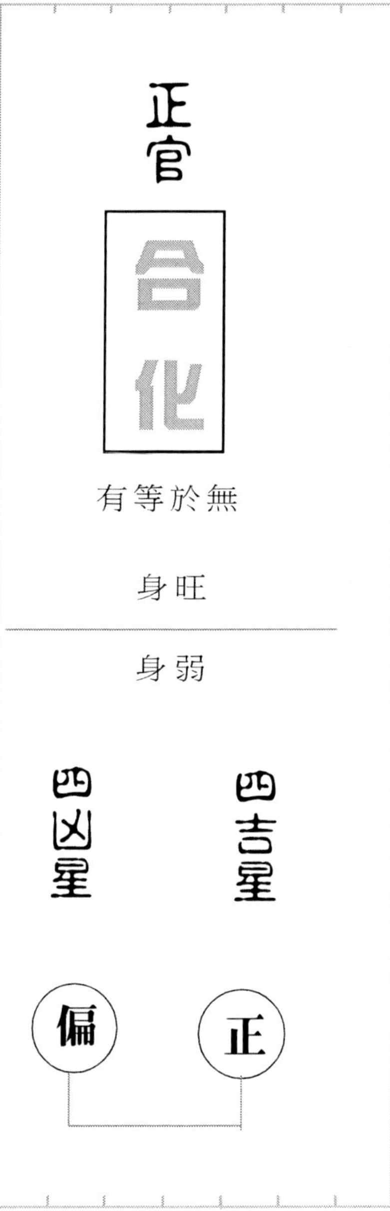

十一、論用神純雜

用神既有變化，則變化之中，遂分純、雜。純者吉，雜者兇。

何謂純？互用而兩相得者是也。如辛生寅月，甲丙並透，財與官相生，兩相得也。戊生申月，庚壬並透，財與食相生，兩相得也。癸生未月，乙己並透，煞與食相剋，相剋而得其當，亦兩相得也。如此之類，皆用神之純者。

這裡說到用神分純與雜，指干上透得正星而相生者便是，但也要如前所述，能夠分清旺弱，財官印食各得其所，如滴天髓的上下氣協，左右有情，如此方為之用神清純。

何謂雜？互用而兩不相謀者是也。如壬生未月，乙己並透，官與傷相剋，兩不相謀也。甲也辰月，戊壬並透，印與財相剋，亦兩不相謀也。如此之類，皆用之雜者也。純雜之理，不出變化，分而疏之，其理愈明，學命者不可不知也。

至於用神雜，雜與純正好相反，氣不協時情不和，即所謂互用而兩不相謀者是也。其以兩不相謀來形容，即干透相剋，如干透傷官制官，財透剋印等，這亦是從正偏星出發，故命中如能理清純雜，對事相分析上，會有一定的幫助，但於批命的準繩度，卻有更多一點的要求。

十二、論用神格局高低

八字既有用神，必有格局，有格局必有高低，財官印食煞傷劫刃，何格無貴？何格無賤？由極貴而至極賤，萬有不齊，其變千狀，豈可言傳？然其

理之大綱，亦在有情、有力無力之間而已。

八字論命，先判旺弱，次定格局，再捉用神，而格局之高低貴賤，可謂千變萬化，人人不同，只要分清用神之有力無力，有情無情，批命功夫便能更進一步了。

如正官佩印，不如透財，而四柱帶傷，反推佩印。故甲透酉官，透丁合壬，是謂合傷存官，遂成貴格，以其有情也。

例如日主身旺，正官配印生身，不如透財好，身弱反而喜印。

又甲日透辛坐酉，官星明現，天干丁壬合，是合住了丁火傷官，因而得貴，有情者是指正官因合無受傷，故有情。

財忌比劫，而與煞作合，劫反為用。故甲生辰月，透戊成格，遇乙為劫，逢庚為煞，二者相合，皆得其用，遂成貴格，亦以其有情也。

正財至怕被劫財所奪，然而合殺制住劫財需要條件，本命若是財才成格，便即身弱用比劫幫身，財方有用，這是基因法操作方式，至於書中以劫剋才和庚殺合乙，明顯未能符合要求，只是為了合住劫財乙木，但戊才遠隔，根本不怕劫剋，若要身旺，除非地支全化木合局（水不透干合亦不化），如本例有一個三合木局，命主才能轉弱為強，才殺得用方為貴格。

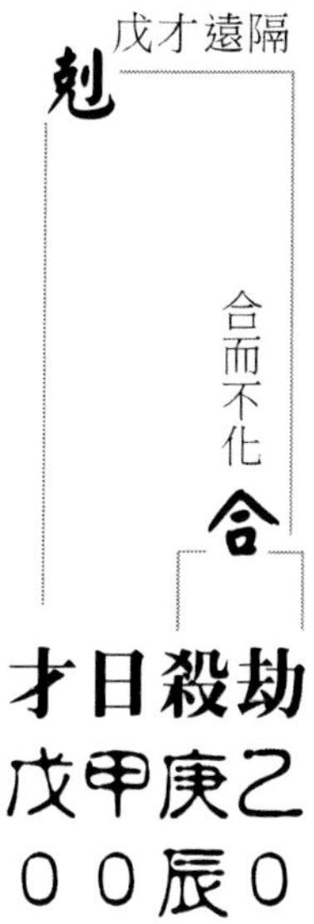

才	日	殺	劫
戊	甲	庚	乙
０	０	辰	０

剋：戊才遠隔
合：合而不化

才	日主	殺	劫
戊	甲	庚	乙
０	寅	辰	卯

日主：轉弱為強
寅辰卯：三合木局

身强煞露而食神又旺，如乙生酉月，辛金透，丁火剛，秋木盛，三者皆備，極等之貴，以其有力也。官强財透，身逢祿刃，如丙生子月，癸水透，庚金露，而坐寅午，三者皆均，遂成大貴，亦以其有力也。

乙木日生於酉月，透辛金為七殺，丁火傷官和木比劫俱盛，極貴之造，這說法未算週全，仍須看乙木日主是否健旺。

官強財透，身逢祿刃，本身亦旺者，基本上是個大權大貴之命。

又有有情而兼有力，有力而兼有情者。如甲用酉官，壬合丁以清官，而壬水根深，是有情而兼有力者也。乙用酉煞，辛逢丁制，而辛之祿即丁之長生，同根月令，是有力而兼有情者也。是皆格之最高者也。如甲用酉官，透丁逢癸，癸剋不如壬合，是有情而非情之至。乙逢酉逢煞，透丁以制，而或煞强而丁稍弱，丁旺而煞不昂，又或辛丁並旺而乙根不甚深，是有力而非力之全，格之高而次者也。

八字用神要有情，有情故然不易，退而求其次，有力則較易取得，按命理計算力度，基本由地支的根氣產生，尤其是月令，這個司令之神，人生於何月便決定了日主所需，日主以外的干支便是一場力量的對決。

本段是主要講既有情又有力的命，這實屬不易見之，其中例子是甲木日元，身旺能用酉官，壬水合丁火，即印星合住食傷，使其不來制我官星，是為有情，保存了日主的職位，兼且這個壬水印星支下有根深種，根深即有力，於是本命便有情有力了。

另一種有力又有情的表現，是指月令中所藏之根氣能夠制約忌神，又能助起日主，這往往是喜忌同歸月令主中餘氣，成為兩黨之力量，但又能相制有情，原文例中只以十二生旺運來決定力與情，只說中了部份因由而已。（干支力度，在本人六神通識和課堂講記二書中有全面計算方式）

以下節錄了課堂講記中，干支旺弱級數部份，以供讀者參考：

把最強到最弱排出五個狀況，分別是：強旺、旺、強、平、弱強旺（＋1級）、旺（1級）、強（2級）、平（3級）、弱（4級）

（六神通識及課堂講記中，六十甲子配旺弱演進圖）

詳細操作，還請看二書。

+1級	1級	2級	3級	4級
強旺	旺	強	平	弱

如配上級數則如下：

天干			我	
地支	4	1	2	3
		月令		級數

至如印用七煞，本為貴格，而身強印旺，透煞孤貧，蓋身旺不勞印生，印旺何勞煞助？偏之又偏，以其無情也。傷官佩印，本秀而貴，而身主甚旺，傷官甚淺，印又太重，不貴不秀，蓋欲助身則身強，制傷則傷淺，要此重印何用？是亦無情也。又如煞強食旺而身無根，身強比重而財無氣，或夭或貧，以其無力也。是皆格之低而無用者也。

然其中高低之故，變化甚微，或一字而有千鈞之力，或半字而敗全局之美，隨時觀理，難以擬議，此特大略而已。

身弱命以殺生印者，本為殺印雙生格，但身太強旺又主孤貧，所謂身旺不勞殺印生，這說得很有道理，七殺本身已是偏星，再生旺日主，造成偏旺，是為偏之又偏，這也暗示了若為正官同樣生正印，但就旺而不偏，又如傷官偏星，即使是傷官配印的貴格，身太旺時亦作無情看。總之身旺、弱至極，到了日主或財官無根的地步時，無力又無情，是貧夭之象，故本段是想點出格局高低，但又要隨機應變，道理不是一語便能解通，只因各種命格的利幣都有所不同。

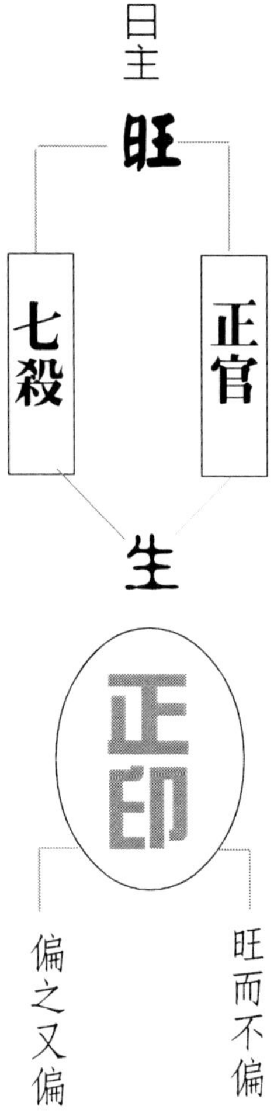

日主
旺
七殺　正官
生
正印
偏之又偏　旺而不偏

十三、論用神因成得敗因敗得成

八字之中，變化不一，遂分成敗；而成敗之中，又變化不測，遂有因成得敗，因敗得成之奇。是故化傷為財，格之成也，然辛生亥月，透丁為用，卯未會財，乃以黨煞，因成得敗矣。印用七煞，格之成也，然癸生申月，秋金重重，略帶財以損太過，逢煞則煞印忌財，因成得敗也。如此之類，不可勝數，皆因成得敗之例也。

有時候算命不能說得太玄，搞得太神化只會令人卻步，且看本段又有用神因成得敗的講法，筆者往後只好從簡評之。化傷為財是否一定成格，還須計算，如辛日生亥月，透丁為官，身旺得用，支下亥卯未三會財方局，黨殺剋身，故因成得敗，皆因身旺轉弱，其理在於正官被預設為吉星喜用，如水身弱為忌則又相反，不能一概而論。

官印逢傷，格之敗也，然辛生戌戌月，年丙時壬，壬不能越戊剋丙，而反能洩身為秀，是因敗得成矣。煞刃逢食，格之敗也，然庚生酉月，年丙月丁，時上逢壬，則食神合官留煞，而官煞不雜，煞刃局清，是因敗得成矣。如此之類，亦不可勝數，皆因敗得成之例也。其間奇奇怪怪，變幻無窮，惟以理權衡之，隨在觀理，因時運化，由他奇奇怪怪，自有一種至當不易不論。觀命者毋眩而無主、執而不化也。

又說官印相生見傷官時，認為必敗，舉例以辛金日主，生戌戌月，年丙時壬，傷官壬水自然不能超越戊土來剋丙火，這叫做遙剋無力，是有剋之意而無剋力，至於剋不到丙印反而用來洩身，又要身旺方許，是以因敗得成，都是一種既定的對位入坐說法。

大家要以理權衡，才不會目眩眼花，腦子混亂。

十四、論用神配氣候得失

論命惟以月令用神為主，然亦須配氣候而互參之。譬如英雄豪傑，生得其時，自然事半功倍；遭時不順，雖有奇才，成功不易。是以印綬遇官，此謂官印雙全，無人不貴。而冬木逢水，雖透官星，亦難必貴，蓋金寒而水益凍，凍水不能生木，其理然也。身印兩旺，透食則貴，凡印格皆然。而用之冬木，尤為秀氣，以冬木逢火，不惟可以洩身，而即可以調候也。

本書說凍水不生木，冬木逢火可解凍，指除了旺弱法外，也可參考一下調候法，子平命理以五行旺弱、格局平衡去定成敗得失，少講四時氣候，這是否就不用提呢？事實上真的不用四時也可以計算命運，如此又怎會有一派專用氣候來論命呢？這個問題大家可以看本人近作「窮通寶鑑－－命例解密」一書，裡面有作基本分析。

筆者雖然主張採用「正五行法」論吉凶，以「調候法」來調節身心平衡，本書對原著作了不少辯証，希望對日後研究窮通寶鑑者有所幫助。相信這個也會是未來八字推命的一大課題，為此筆者在新作「子平百味人生」中，就有五行形象圖說，以五行配四時氣候等專題，繪圖以深入探討。現代論命如能採用基因法的五行形勢圖，會得出不同的生態效果來，再之配合正五行論命，自能更合理解釋命運。

傷官見官，為禍百端，而金水見之，反為秀氣。非官之不畏夫傷，而調候為急，權而用之也。傷官帶煞，隨時可用，而用之冬金，其秀百倍。

傷官佩印，隨時可用，而用之夏木，其秀百倍，火濟水，水濟火也。傷官用財，本為貴格，而用之冬水，即使小富，亦多不貴，凍水不能生木也。傷官用財，即為秀氣，而用之夏木，貴而不甚秀，燥土不甚靈秀也。

本段純為調候之說，傷官見官禍百端，主要是身弱忌洩，官星受傷，而金水傷官是指日元屬金者於冬月生，以官殺火來調候為急，以暖命局。生於夏天的木，火傷官佩水印星，喜用木火傷官以成既濟之功，傷官生財本為貴，用在夏月之木日主，若用神在冬天之水印者，只能小富而無貴，因為凍水不生木。

春木逢火，則為木火通明，而夏木不作此論；秋金遇水，則為金水相涵，而冬金不作此論。氣有衰旺，取用不同也。春木逢火，木火通明，不利見官；而秋金遇水，金水相涵，見官無礙。假如庚生申月，而支中或子或

辰，會成水局，天干透丁，以為官星，只要壬癸不透露干頭，便為貴格，與食神傷官喜見官之說同論，亦調候之道也。

食神雖逢正印，亦謂奪食，而夏木火盛，輕用之亦秀而貴，與木火傷官喜見水同論，亦調候之謂也。

此類甚多，不能悉述，在學者引伸觸類，神而明之而已

這段無非想表達春天木火傷官，和秋天的金水傷官兩者相配，秋金冬金便不適合，意思都是歸於調候作用，至於見不見官和傷不傷官，加入了傳統正偏星的觀念，讀者可先加入正五行後才作判斷，畢竟這是兩門學術。

正偏星　正五行　調候

十五、論相神緊要

月令既得用神，則別位亦必有相，若君之有相，輔者是也。如官逢財生，則官為用，財為相；財旺生官，則財為用，官為相；煞逢食制，則煞為用，食為相。然此乃一定之法，非通變之妙。要而言之，凡全局之格，賴此一字而成者，均謂之相也。

所謂「相」者，指旺相之意，無非指「喜神」而已，喜神生用神，用神利日主，就這麼簡單理解，至於命中格局所成之一字，卻不能同論，成格便要去制衡此格者，因此是另一回事，不宜混淆。

傷用神甚於傷身，傷相甚於傷用。如甲用酉官，透丁逢壬，則合傷存官以成格者，全賴壬之相；戊用子財，透甲並己，則合煞存財以成格者，全賴

己之相；乙用酉煞，年丁月癸，時上逢戊，則合去癸印以使丁得制煞者，全賴戊之相。癸生亥月，透丙為財，財逢月劫，總而卯未來會，則化水為木而轉劫以生財者，全賴於卯未之相。庚生申月，透癸洩氣，不通月令而金氣不甚靈，子辰會局，則化金為水而成金水相涵者，全賴於子辰之相。如此之類，皆相神之緊要也。

傷了用神的情況，所謂的「傷相」者，亦即仇神剋喜神，生忌神的仇神來剋生我用神的喜神，是否很複雜頭痛呢？就簡單點把它說成：我（日主）的上司（用神）給我利益，老板（喜神）很支持他，如今老板遭對手（仇神）攻擊，上司也要引退，我失去靠山了。

只要大家能靈活變通，那才不會讀死書，很多複雜的六神與五行關係就容易互聯互通。

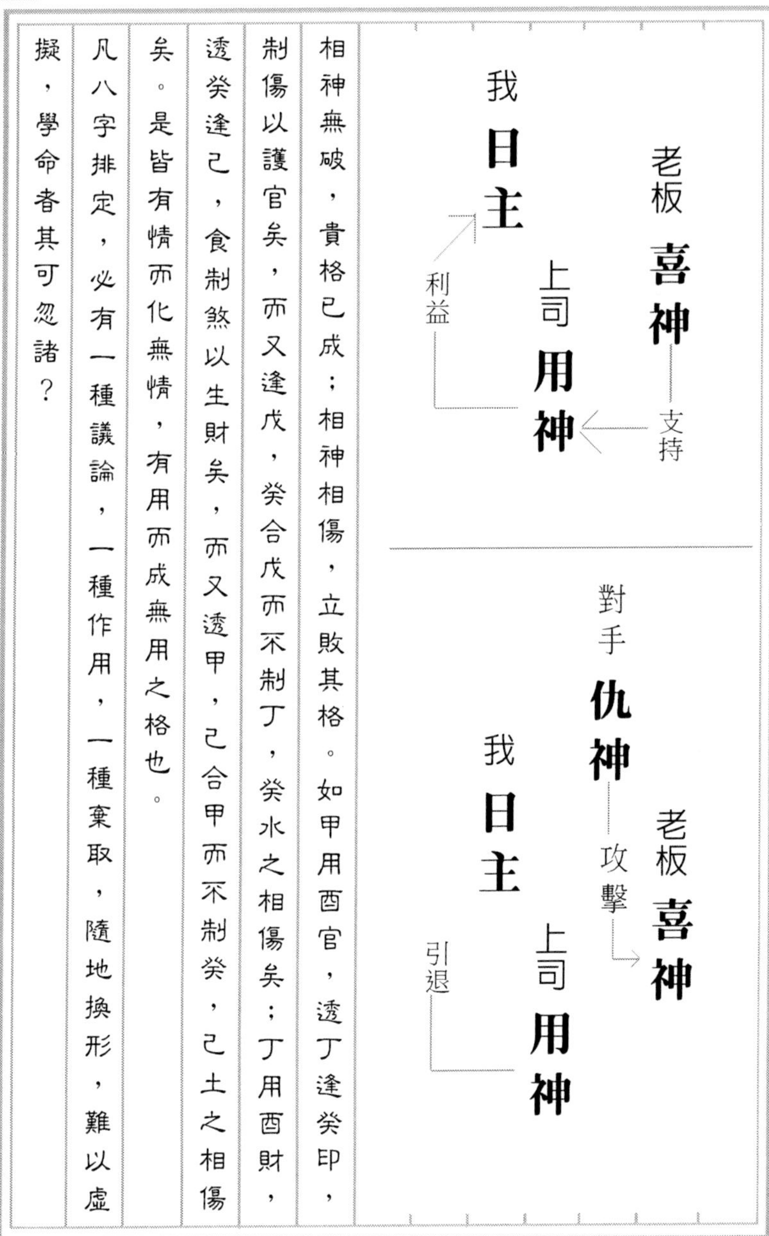

相神無破，貴格已成；相神相傷，立敗其格。如甲用酉官，透丁逢癸印，制傷以護官矣，而又逢戊，癸合戊而不制丁，癸水之相傷矣；丁用酉財，透癸逢己，食制煞以生財矣，而又透甲，己合甲而不制癸，己土之相傷矣。是皆有情而化無情，有用而成無用之格也。

凡八字排定，必有一種議論，一種作用，一種棄取，隨地換形，難以虛擬，學命者其可忽諸？

這裡重複地講制傷護官，無非想講喜神沒有被仇神所破，能夠護到官，那便為之吉，現代論命觀點，已不能單單論官，可能古時的功名較為重要吧，但現代人財星利祿似乎更為重要，其次是自由自在，生命貴乎自主，於是食傷便幫到手了，即使沒有正官，過著無壓力的生活亦不錯呢。

總而言之，人命好比六神，是複雜的，但人生也可以很簡單，一理通便百理明，學命者應當隨機應變，與時並進。

規律	功名	正官
自由	享樂	食傷
利祿	利祿	才財

十六、論雜氣如何取用

四墓者，沖氣也，何以謂之雜氣？以其所藏者多，用神不一，故謂之雜氣也。

所謂雜氣財官，我們時常聽到，但就坊間命書上所見到的解釋，多數是各說各的，並不完整，我們且看原著能否有一個較完備的答案。

地支的四墓庫，是辰戌丑未，辰為水庫，戌為火庫，丑為金庫，未為木庫，這個庫如不連帶著墓字，是很好解的，但用了墓庫，這便令人有一種入墓之不祥感覺了。

先講沖氣，辰戌沖與丑未沖，這是四墓相沖的本質，命理中也有所謂「雜氣財官」，因此這裡提到四墓庫中藏著雜氣，辰戌丑未內裡，所藏的都是一種雜氣，但這未夠說服力，用另一個解法，指辰戌丑未各藏在四季中，夾雜在四季的五行之間，如亥子水之間夾以丑土，接著是寅卯木夾以辰土，隨後便是巳午火夾未，申酉金夾戌。

有種說法是這四個地支的土，是由秋金春木冬水夏火等四元素混合生成，裡面都包含了五行原素。

更古老的說法，反而簡單，以十二生旺庫：長生、沐浴、冠帶、臨官、帝旺、衰、病、死、墓、絕、胎、養。

墓者，為冰封凝結，因此辰戌丑未這四墓庫中的藏干，都被鎖在其中，出不了來，要助相沖之力，方能走出墓庫以應吉凶。

旺	相	休	囚
秋	辰戌丑未月	冬	春
夏	春	辰戌丑未月	秋
春	冬	夏	辰戌丑未月
冬	秋	春	夏
辰戌丑未月	夏	秋	冬
比和	生卦氣	洩氣	卦氣犯天氣

如辰本藏戊，而又為水庫，為乙餘氣，三者俱有，於何取用？然而甚易也，透干會取其清者用之，雜而不雜也。何謂透干？如甲生辰月，透戊則用偏財，透癸則用正印，透乙則用月劫是也。何謂會支？如甲生辰月，逢申與子會局，則用水印是也。一透則一用，兼透則兼用，透而又會，則透與會並用。

如辰藏主氣戊土，中氣癸水，餘氣乙木，若三者有氣透干，即可取之為格局的首選。

甲木辰月生人，會成水局者，即申子辰，但要有天干水才能引化，水為印星，生旺甲木日主，本來甲生辰月身不旺，但三合了水局印生身，即必屬強旺，此時若有土透或金透，其干仍能接受月干戊土根氣，干性有所增強而不受影響。

其合而有情者吉，其合而無情者則不吉。何謂有情？順而相成者是也。如甲生辰月，透癸為印，而又會子會申以成局，印綬之格，清而不雜，是透干與會支，合而有情也。又如丙生辰月，透癸為官，而又逢乙以為印，官與印相生，而印又能去辰中暗土以清官，是兩干並透，合而情也。看到這裡又如甲生丑月，辛透為官，或巳酉會成金局，而又透己財以生官，是兩干並透，與會支合而有情也。

何謂無情？逆而相背者是也。如壬生未月，透己為官，而地支會亥卯以成傷官之局，是透官與會支，合而無情者也。又如甲生辰月，透戊為財，又或透壬癸以為印，透癸則戊癸作合，財印兩失，透壬則財印兩傷，又以貪財壞印，是兩干並透，合而無情也。又如甲生戌月，透辛為官，而又透丁以傷官，月支又會寅會午以成傷官之局，是兩干並透，與會支合而無情也。

有情無情怎去分？這通常是以五行之三行順生者，喜神生用神，用神利日主，基本上這是有情，無情者剛好相反，三行逆剋，仇神與忌神互相剋洩日主，例如命中身很弱，又見傷官洩，又有才星消耗，更被殺來剋，如此豈能有情，明顯無情無義了。

如上例甲木日主生辰月，支下申子辰三合水局，只要干透一水，便成印格，因水之成局被視為清而不雜，故理解成有情之合。

有情之合

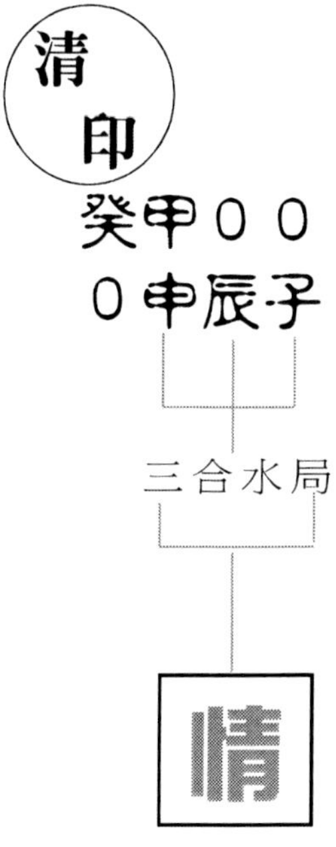

清
印

癸甲〇〇
〇申辰子

三合水局

情

其情不真

癸庚００
巳申巳０
左合右合

情不真

感情紛亂

癸庚００
巳申巳酉
合　合　合　合
多重化合

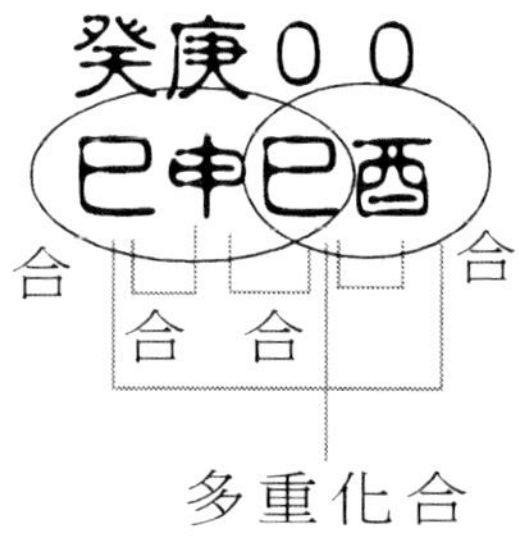

情紛亂

總之有情無情，簡單來說就如上述，最好是簡單純粹，如此理解即可，太複雜的情況，如多重合化和左合右合，一般可視之為其情不真，感情紛亂。（見命例）。

又有有情而卒成無情者，何也？如甲生辰月，逢壬為印，而又逢丙，印綬本喜洩身為秀，似成格矣，而火能生土，似又助辰中之戊，印格不清，是必壬干透而支又會申會子，則透丙亦無所礙。又有甲生辰月，透壬為印，雖不露丙而支逢戌位，戌與辰沖，二者為月沖而土動，干頭之壬難通月令，印格不成，是皆有情而卒無情，富而不貴者也。

基本上地支相沖，是一種正面衝突，動起武來，還那裡有情可講，除非是沖中有合，有和事佬來調停吧，本段說到月柱見沖時，如例中的辰戌相沖，土氣大動，王水難通月戌餘氣，而且天干上的喜與忌神，同時都會感受到月令不穩定，格局亦難以成立。

合而解沖

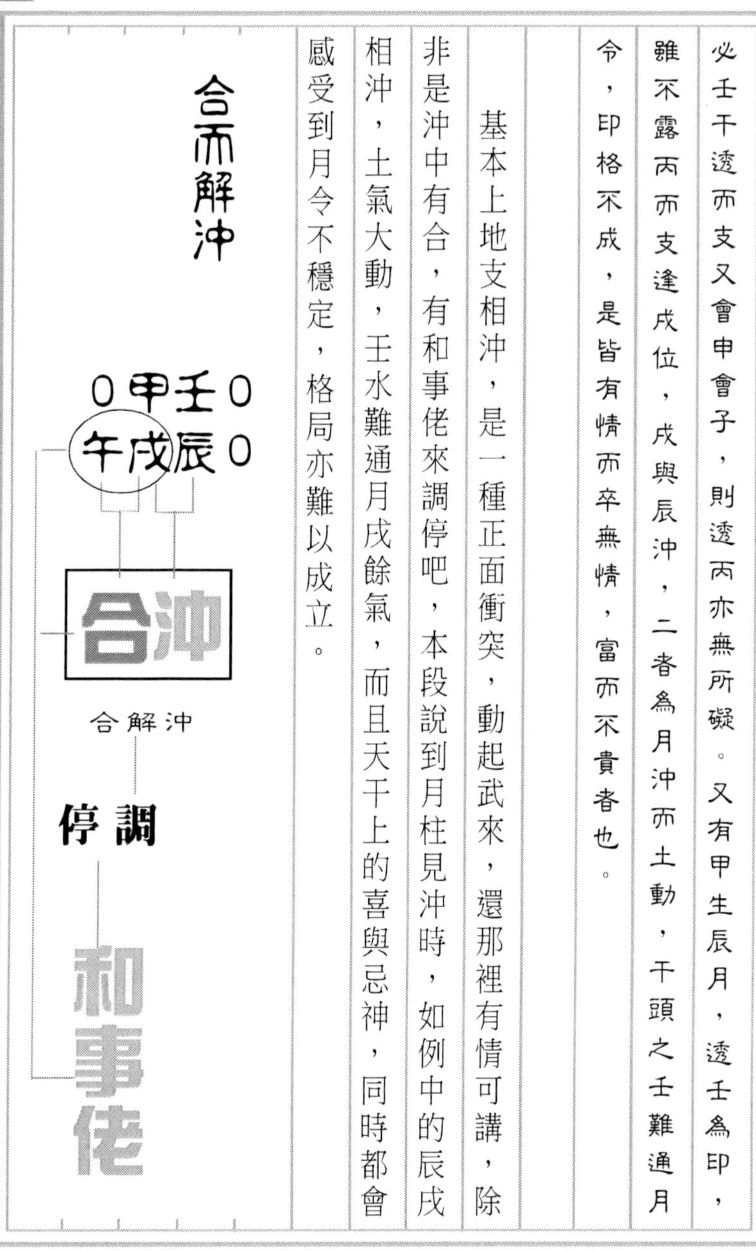

又有無情而終有情者，何也？如癸生辰月，透戊為官，又有會申會子以成水局，透干與會支相剋矣。然所剋者乃是劫財，譬如月劫用官，何傷之有？又如丙生辰月，透戊為食，而又透壬為煞，是兩干並透，而相剋也。然所剋者乃是偏官，譬如食神帶煞，煞逢食制，二者皆是美格，其局愈貴。是皆無情而終為有情也。

如此之類，不可勝數，即此為例，旁悟而已。

甚麼有情終無情，無情終有情，都只是一種名目而已，只是命中喜用神被仇神忌神攻擊，幸有救星來助來合，制住對方，即為無情終有情，管它以何形式來犯，至重要是有救應。

這段提出了地支與天干相剋的理論，但根據子平基因法以天干看現象，地支看力量的基理，支沖像地震，自然會影響到地面上的樓房，甚至人類，只要想通這個情況，便可以判斷文中的「透干與會支相剋」了。

十七、論墓庫刑沖之說

辰戌丑未，最喜刑沖，財官入庫不沖不發——此說雖俗書盛稱之，然子平先生造命，無是說也。夫雜氣透干會支，豈不甚美？又何勞刑沖乎？假如甲生辰月，戊土透豈非偏財？申子會豈非印綬？若戊土不透，即辰戌相沖，財格猶不甚清也。至於透壬為印，辰戌相沖，將以累印，謂之沖開印庫可乎？

這段是要說四庫喜沖，沖是一種變化不穩定的狀態，何喜之有呢？古法論命，有說到辰戌丑未四支的餘氣，藏在墓庫中，要見沖才能出來，是所謂的「沖開墓庫」。這裡原文似乎是不表讚同，說明只須按常法的透干即可取，更指刑沖同論。

況四庫之中，雖五行俱有，而終以土為主。土沖則靈，金木水火，豈取勝以四庫之沖而動乎？故財官屬土，沖則庫啓，如甲用戊財而辰戌沖，壬用己官而丑未沖之類是也。然終以戊己干頭為清用，干既透，即不沖而亦得也。至於財官為水，沖則反累，如己生辰月，壬透為財，戌沖則劫動，何益之有？丁生辰月，透壬為官，戌沖則傷官，豈能無害？其可謂之逢沖而壬水之財庫官庫開乎？今人不知此理，甚有以出庫為投庫。如丁生辰月，壬官透干，不以為庫內之壬，干頭透出，而反為干頭之壬，逢辰入庫，求戌以沖土，不顧其官之傷。

其命例分析大致是：甲木日主用戊土之財星，支下辰戌沖，又或壬水日主用己土官星，支下未沖，一般以支下的沖，為沖出了支中的財官，方可上透，但只要干上有己土官星時，那便不用支下的沖了，沖則反不安定。

透干得用

又指己日生辰月，以壬水為財星，辰戌一沖，令土之劫財動而其氣上透，會劫干上的正財，如此更有害無益。真是十分複雜的分析方法，其意只是想進一步反映對當時的沖開墓庫法，要墓庫支沖，所藏的財官根氣方能透出取用，而原著者便堅持以透干即能用為原則，財官之主中餘氣，只要透干便是財官得用，又指沖本身就無益處，這頗為合理。

更有可笑者，月令本非四墓，別有用神，年月日時中一帶四墓，便求刑沖；日臨四庫不以為身坐庫根，而以為身主入庫，求沖以解。種種謬論，令人掩耳。

然亦有逢沖而發者，何也？如官最忌沖，而癸生辰月，透戊為官，與戌相沖，不見破格，四庫喜沖，不為不足。卻不知子午卯酉之類，二者相仇，乃沖剋之沖，而四墓土自為沖，乃沖動之沖，非沖剋之沖也。然既以土為官，何害於事乎？

是故四墓不忌刑沖，刑沖未必成格。其理甚明，人自不察耳。

還有種說法是，日主下地支見辰戌丑未時，便指其人坐墓庫不吉利，要以沖或刑來解之，全無旺弱與喜忌之分，這當然是很片面的空談，故可以不理。

古法有「不沖不起，不刑不發」之說，這裡也同被否定，總之四墓庫刑沖之說法，不及格局喜忌法之全面就是。

十八、論四吉神能破格

財官印食，四吉神也，然用之不當，亦能破格。

如食神帶煞，透財為害，財能破格也；春木火旺，見官則忌，官能破格也；煞逢食制，透印無功，印能破格也；財旺生官，露食則雜，食能破格也。是故官用食破，印用財破。譬之用藥，參苓白朮，本屬良材，用之失宜，亦能害人。

本段徐樂吾先生解釋頗能點題，值得一讀，其說：官忌食傷，財畏比劫，印懼財破，食畏印奪，參合錯綜，各極其妙。弱者以生扶為喜，強者因生扶而反害；衰者以裁抑為忌，太旺者反以裁抑而得益。吉凶喜忌，全在是否合於需要，不因名稱而有分別，實屬正五行論命之基理。

食神生正財，正財生正官，正官生正印，正印生日主，日主又生食

神，這便是財官印食四吉神，其生生不息之意。

說到四吉神也能破格者，講得似乎嚴重了些，指其未能配合日主的旺弱喜忌，即使是吉神正星，亦視為用之不當。

其以食神帶煞格為例，透財便為害，即食神轉而生財，不去剋制七煞了，如此便有失於格局，於是破格。

我們不如換一個角度看，正財來生七殺，日主身弱，根本就乘受不起食財殺，破不破局都不好，但身旺日主強旺時，食神制殺格故然是好格局，而正財來了，是為食生財，財生殺，都是五行順生，其重點都是落在七殺之上，只要身強旺者，仍能發運，可取得更大財富與權位，何壞之有呢？

要知古書沒說到的就是，用財生殺，七殺之殺性仍存，這會造成外在的破壞因素，因此，古法不論你發多少運，首要的是制去殺性，不是用財力去生七殺。

十九、論四凶神能成格

煞傷梟刃，四凶神也，然施之得宜，亦能成格。如印綬根輕，透煞為助，煞能成格也。財逢比劫，傷官可解，傷能成格也。食神帶煞，靈梟得用，梟能成格也。財逢七煞，刃可解厄，刃能成格也。是故財不忌傷，官不忌梟，煞不忌刃，如治國長搶大戟，本非美具，而施之得宜，可以戡亂。

四凶神之所以被視為凶，主要是六神偏星與日主本身陰陽不相配，產生不協調，傳統看法主要是怕七殺剋害日主，偏印則去奪日主的食神，傷官便去傷日主的正官，劫財就劫日主的財，因此，七殺要有印化或食制，

四凶神

偏

陰陽

不協調

日主

使其不剋日主，傷官因為它會傷害正官星，故配正印，去轉生正官，令其不傷正官，偏印主要是奪食，奪去食神，故要用財制之，但在非得已時，偏星四凶神也要取用。

如本身實在太弱時，命中只有偏印可助，主人（日主）也要取之為用，以解一時阻困，相反身太旺時，比劫就如劫財盜賊，主人（日主）用七殺去制比劫，就如為保家園者，被迫要拿槍去擊退賊人的道理一樣，只要取用之得宜，偏星的生剋制洩同樣是力量，有時比之正星，其制衡力更有過之而無不及，只是較為偏激或霸道而已。

卷三

論宮位與歲運

二十、論生剋先後分吉凶

月令用神，配以四柱，固有每字之生剋以分吉凶，然有同此生剋，而先後之間，遂分吉凶者，尤談命之奧也。

如正官同是財傷並透，而先後有殊。

這篇所講的是八字生剋的先後次序，故吉凶亦有順序之分，而這個順序應以八字原局中，年月日時來分先後，還是以大運各柱分先後呢？

今天的論命標準，會以後者「大運」為主，年月日時為參考，但前賢徐樂吾先生的註釋，則以年月日時為主，這是基於古法以年柱為祖基，時柱為歸縮之說，但這便與子平大運基理有所重覆，產生矛盾，因此都會採用大運為主，年月日時為次。

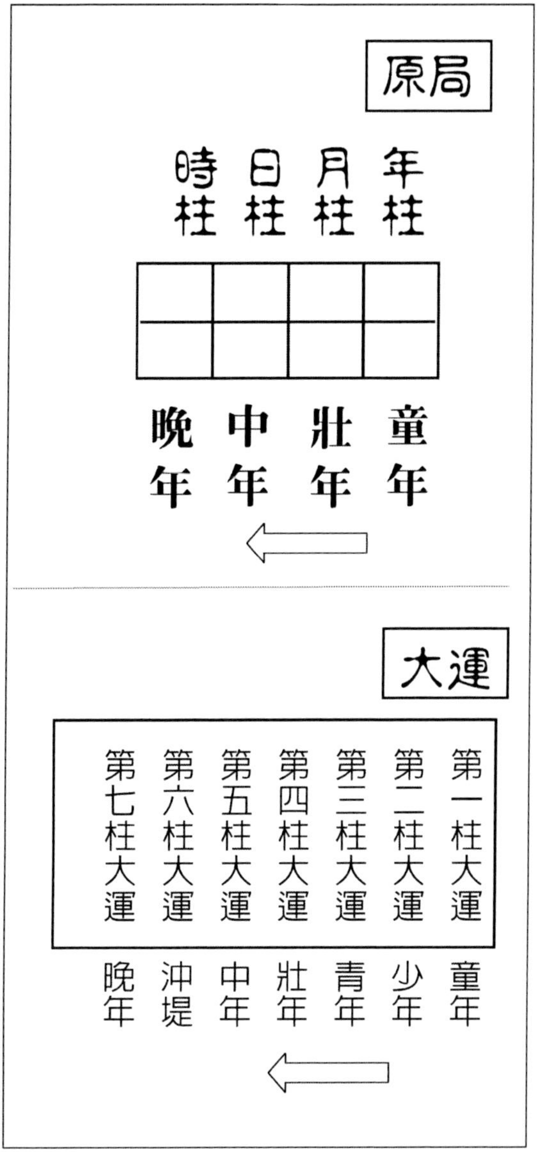

原局

時柱	日柱	月柱	年柱
晚年	中年	壯年	童年

大運

第七柱大運	第六柱大運	第五柱大運	第四柱大運	第三柱大運	第二柱大運	第一柱大運
晚年	沖堤	中年	壯年	青年	少年	童年

假如甲用酉官，丁先戊後，後則以財為解傷，即不能貴，後運必有結局。若戊先而丁後時，則為官遇財生，而後因傷破，即使上運稍順，終無結局，子嗣亦難矣。印格同是貪財壞印，而先後有殊。如甲用子印，己先癸

後，即使不富，稍順晚境；若癸先而己在時，晚景亦悴矣。食神同是財梟並透，而先後有殊。如壬用甲食，庚先丙後，晚運必亨，格亦富而望貴。若丙先而庚在時，晚運必淡，富貴兩空矣。七煞同是財食並透，而先後大殊。如己生卯月，癸先辛後，則為財以助用，而後煞用食制，不失大貴。若辛先而癸在時，則煞逢食制，而財轉食黨煞，非特不貴，後運蕭索，兼難永壽矣。他如此類，可以例推。

如甲木用酉金，即是主身旺可以任官星，但何謂丁先戊後？丁為傷官，戊屬偏財，傷官生財，故以丁先，財隨其後，且以財轉化傷官（解傷），令它不去傷日主的辛金正官，反而是生財去生官，此即為解傷。

書中似乎指出了一個頗隱晦的訊息，筆者從文中的「後運」和「上運」這兩個字眼，推斷其是指大運之先後，先行丁運而後行戊運，是運順行者，丁運雖然不能貴，但隨後亦能貴起來，若果運逆行則先戊後丁，先行財生官得貴，但其後行傷官而被（傷破），主運初順而後逆。

以上是原文中的看法，把正官看成必定好，傷官看成必定差，日主看成必定旺，是一種對位入座的觀點，讀者可以去意會，但必須先打好子平正五行的根底，才能明解。至於後面命例，貪財壞印和偏印奪食的先後吉凶，都是延續著同一觀點，正如上文所述，道理一樣，讀者可按理索義，自行解讀即可。

然猶吉凶易者也，至丙生甲寅月，年癸時戊，官能生印，而不怕戊合；戊能洩身為秀，而不得越甲以合癸，大貴之格也。假使年月戊癸而時甲，或年甲而月癸時戊，則戊無所隔而合全癸，格大破矣。丙生辛酉，年癸時己，傷因財間，傷之無力，間有小貴。假如癸己產並而中無辛隔，格盡破矣。

辛生申月，年壬月戊，時上丙官，不愁隔戊之壬，格亦許貴。假使年丙月

壬丙時戊，或年戊月丙丙時壬，則壬能剋丙，無望其貴矣。如此之類，不可勝數，其中吉凶似難猝喻。然細思其故，理甚顯然，特難為淺者道耳。

這個命造是要講天干相合，不能遙隔，只有緊貼才能成合，命例中指天干上的戊土，不能越過甲木與癸來合，其沒有破壞了本命的官印相生之貴。另一個命例則格局不成，原因是命中的正官丙火，因貼鄰受剋，貴氣受損。無論是正官格或其它格局，都受到身旺身弱的影響而有所不同，讀者記之。

遙隔不合

癸	甲	丙	戊
0	寅	0	0

二十一、論星辰無關格局

八字格局，專以月令配四柱，至於星辰好歹，既不能為生剋之用，又何以操成敗之權？況於局有礙，即財官美物，尚不能濟，何論吉星？於局有用，即七煞傷官，何謂凶神乎？是以格局既成，即使滿盤孤辰入煞，何損其貴？格局既破，即使滿盤天德貴人，何以為功？今人不知輕重，見是吉星，遂致拋卻用神，不管四柱，妄論貴賤，謬談禍福，甚可笑也。

古法論命每多以神煞為主，神煞主要出自七政四餘等星命專書，一直都有八字論命者採用，尤其是一些江湖術士之流最為常用，這些人即使子平功力偏低，甚至不懂正五行，都能夠搬出滿天星神，說個天南地北，令人相信。原文就主張徹底放棄神煞，以免影響格局之運作，這與現代論命以正五行為主的方向一致。

況書中所云祿貴，往往指正官而言，不是祿堂貴人。如正財得傷貴為奇，傷貴也，傷官乃生財之具，正財得之，所以為奇，若指貴人，則傷貴為何物乎？又若因得祿而避位，得祿者，得官也，運得官鄉，宜乎進爵，然如財用傷官食神，運透官則格條，正官運又遇官則重，凡此之類，只可避位也。若作祿堂，不獨無是理，抑且得祿避位，文法上下相顧。古人作書，何至不通若是！又若女命，有云「貴眾則舞裙歌扇」。貴眾者，官眾也，女以官為夫，正夫豈可疊出乎？一女眾夫，舞裙歌扇，理固然也。若作貴人，乃是天星，並非夫主，何礙於眾，而必為娼妓乎？

其實，目前八字所用的六神命名，都是在古命書中的眾多神煞中精選出來的，至於實際上的關係已有所不同，個人認為神殺之存在，亦是可有可無的，滿天神煞都是由歲月中之日辰喜忌生剋而來，亦有它的運作理據，但在操作上，就只能依附在正五行六神。例如命用正官，而吉星或凶星與正官同柱，這可以有助於在事相上的分析，而正官星本身的意義，還需配合日主，才能夠定斷，但吉凶取決，始終也要緊守六神本位，與神煞無關。

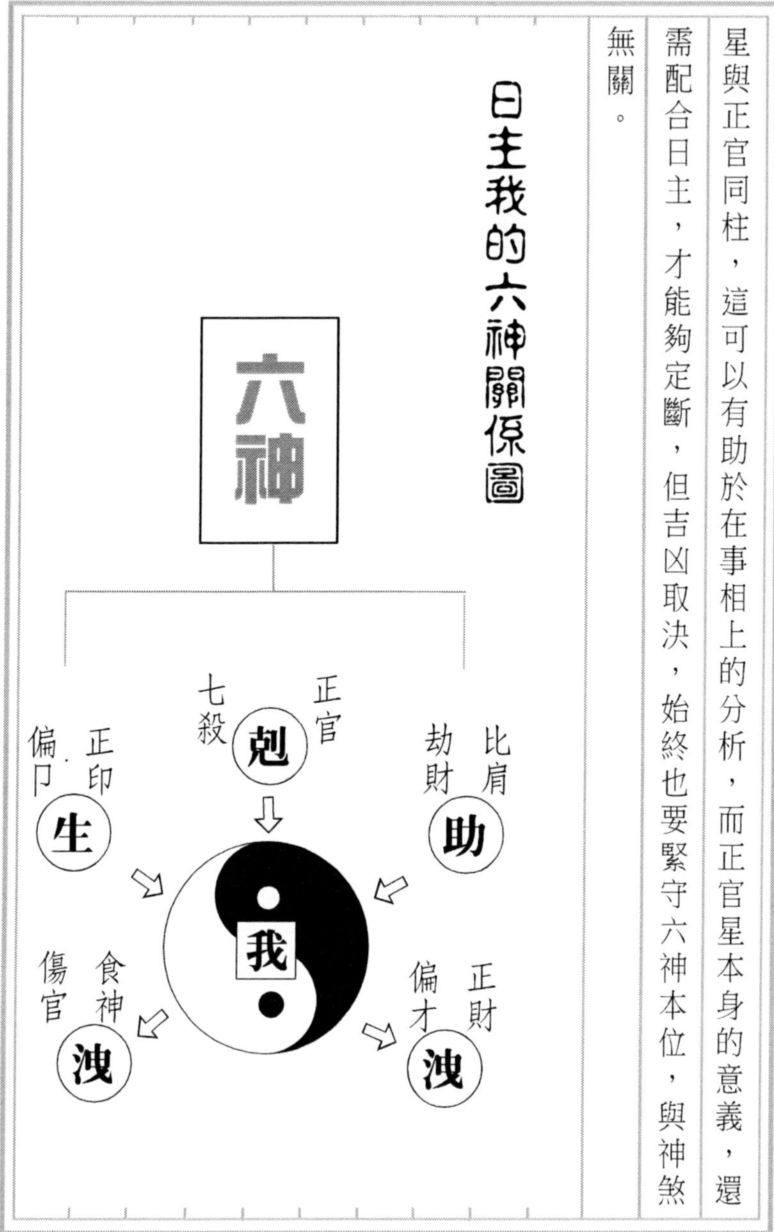

然星辰命書，亦有談及，不善看書者執之也。如「貴人頭上帶財官，門充馳馬」，蓋財官如人美貌，貴人如人衣服，貌之美者，衣服美則現。其實財官成格，即非貴人頭上，怕不門充馳馬！又局清貴，又帶二德，必受榮封。若專主二德，則何不竟云帶二德受兩國之封，而秘先曰無煞乎？若云命逢險格，柱有二德，逢凶有救，又免於危，則亦有之，然終無關於格局之貴賤也。

可以跟大家認識一件事，就是每年都很多人購買的流年運程書，就是硬性把人分成十二類，其當年及每月吉凶之取決，就是用了值年的一大堆神煞，又吉又凶地混雜起來，綜合評斷，但可信性便有限，有些似說中，有些又不中，看得人眼花瞭亂，試問每年的各個生肖的人何其多，又怎能夠一既而論呢？這是我輩有識之士所不能認同的，因此筆者每年都不寫流年運程書賺錢，就是這個原因。

二十二、論外格用神

八字用神既專主月令，何以又有外格乎？外格者，蓋因月令無用，權而用之，故曰外格也。如春木冬水、土生四季之類，日與月同，難以作用，類象、屬象、沖財、會祿、刑合、遙迎、井欄、朝陽諸格，皆可用也。若月令自有用神，豈可另尋外格？又或春木冬水，干頭已有財官七煞，而棄之以就外格，亦太謬矣。是故干頭有財，何用沖財？干頭有官，何用合祿？

本段是講日主生於其本氣的月份，例如木生春月或水生冬月等，都屬於日主強旺，難以用月令主氣，故為外格。日主能取用月令中的主氣為用神，這叫真神得用，是最為強力的用神，主必有過人之處和優勢，如此當然不用在月令外去尋找，但月令主氣本旺，多數都須要用月柱外的干支與月令之氣平衡，能夠反取月令主氣的較少。

例如丙日主生卯月午時，干支全為金水，但又因根氣有兩個自黨而不能入從格（專從格原則），於是日主成了旺中轉弱之命，反而能用月令之卯木，於是卯木便為「真神得用」。

書云：提綱有用提綱重，又曰：有官莫尋格局，不易之論也。然所謂月令

旺中轉弱之命

	日		
0	丙	0	0
午	0	卯	0

	日		
庚	丙	癸	辛
午	子	卯	亥

自黨（午、卯）

真神（卯）

無用者，原是月令本無用神，而今人不知，往往以財被劫，官被傷之類。用神已破，皆以為月令無取，而棄之以就外格，則謬之又謬矣。

原文還提出了「提綱有用提綱重」，無非是想講如果能夠用得到月令中主氣作用神便最好，其次中氣和餘氣，若命中的喜用神，無法從月令中得到透干顯用時，便去月令提綱以外較有力的根氣中取。

至於「有官莫尋格局」則沒有作解，大概是指男命中，有了正官的功業，就不必再計較其它格局了，無官星，就往外去尋找吧，即是往歲運尋，這種說法凌駕於身旺弱，只要追求功職權位，總之一切都要配合官星，是否合理，真的見仁見智，但有些人沒有官星，也在社會上有一定功能與成就，這可能是現今社會多元化，已不同過往了，因此不是說正官功名不重要，而是其它的東西在今天都同樣重要。

二十三、論宮分用神配六親

人有六親，配之八字，亦存於命。

其由宮分配之者，則年月日時，自上而下，祖父妻子，亦自上而下。以地相配，適得其宜，不易之位也。

其由用神配之者，則正印為母，身所自出，取其生我也。若偏財受我剋制，何反為父？偏財者，母之正夫也，正印為母，則偏才為父矣。正財為妻，受我剋制，夫為妻綱，妻則從夫。若官煞則剋制乎我，何以反為子女也？官煞者，財所生也，財為妻妾，則官煞為子女矣。至於比肩為兄弟，又理之顯然者。

看人的八字六親，先以生我者為正印，再由我所剋的正財為妻，偏才為父則因為母之夫星，而剋我的官殺因其為財所生，故為日主的子女，比肩是我的同類，可視為兄弟。但也有些名家用別的方法來排六親的，所謂見人見智，上面這個是普遍使用最多的六親配置法，但這裡卻沒有提到六親宮位，這也屬於較常用的六親法，用得比前者更早，亦是八字命理相傳和沿用已久的方法。

以下是八字中六神與六親的配置。（內文選自六神通識）

以日主為我：男性

1我所生　食傷　子女　2我所剋　財才　妻父

3我被助　比劫　兄弟　4我被生　印卩　母

5我被剋　官殺　子女

以日主為我：女性

1我所生　食傷　子女　2我所剋　財才　父

3我被助　比劫　兄弟　4我被生　印卩　母

5我被剋　官殺　丈夫

家庭的成員基本上已可從上述中求得，而另外又有宮位的六親法，即

年柱看祖上，月柱看父母，日柱看夫妻和兄弟，時柱看子女等等。

至於六親宮位法更為簡單，以年柱為祖上的宮位，月柱為父母宮，日柱為妻宮，時柱為子女宮。

以宮位看六親：

1年柱：看祖輩、祖父母

2月柱：看父母

3日柱：地支看夫妻、兄弟、天干看自己

4時柱：看子女、孫、後輩

當八字六親配置好，如能透出的，我們便可以看成是跟命主有較密切的關係，是喜用的話，關係良好而有助力，相反為忌時，彼此感情較冷漠，合而化喜用則關係最為密切，必得助力，犯沖刑者六親不和，仇視不歡居多。（要注意！六親法只屬於普遍推測，論及人家庭親屬，必須慎言。）

其間有無得力，或吉或兇，則以四柱所存或年月或日時財官傷刃，係是何物，然後以六親配之用神。局中作何喜忌，參而配之，可以了然矣。

這段想說於八字四柱上之六親，配置六神後，便可以得知其人的六親狀況如何，例如妻財為命中的喜用神，自必然是得妻賢美而旺夫，偏才為父，是命中所喜，父有財能資助日主，正印為日主所喜用時，主得母親悉心愛護，快樂健康成長，相反六親配六神為忌者，親緣薄弱。

二十四、論妻子

大凡命中吉凶，於人愈近，其驗益靈。富貴貧賤，本身之事，無論矣，至於六親，妻以配身，子為後嗣，亦是切身之事。故看命者，妻財子提綱得力，或年干有用，皆主父母身所自出，亦自有驗。所以提綱得力，或年干有用，皆主父母雙全得力。至於祖宗兄弟，不甚驗矣。

月令本身就是最有力的根氣，六親配六神在月令，表示這位六親之影響深遠，喜則更喜，忌則更忌。另外，年干如前述是反映祖上宮位，月柱是父母宮，因此得為日主用神時，主祖宗家山有福，父母得力。

六親配六神

		父母宮　有力　月令　根氣	

原文裡則注視到，子女是否父母身所自出，和父母雙全等情況。

以妻論之，坐下財官，妻當賢貴；然亦有坐財官而妻不利，逢傷刃而妻反吉者，何也？此蓋月令用神，配成喜忌。如妻宮坐財，吉也，而印格逢之，反為不美。妻坐官，吉也，而傷官逢之，豈能順意？妻坐傷官，凶也，而財格逢之，可以生財，煞格逢之，可以制煞，反主妻能內助。妻坐陽刃，凶也，而或財官煞傷等格，四柱已成格局，而日主無氣，全憑日刃幫身，則妻必能相關。其理不可執一。

本段說了一個十分重要的訊息，就是如筆者一直堅持的，六神正偏星，不能四吉便是全好，四凶便是全差，要看旺弱與格局而定的理念，本段就條理分明地分析，雖然留到看六親妻星時才透露，但也不算太遲，起碼讓讀者知道有這道理存在，只是重視呈度和用法有差別而已。

既看妻宮，又看妻星。妻星者，干頭之財也。妻透而成局，若官格透財、印多逢財、食傷透財為用之類，即坐下無用，亦主內助。妻透而破格，若印輕財露、食神傷官、透煞逢財之類，即坐下有用，亦防刑剋。又有妻透成格，或妻宮有用而坐下刑沖，未免得美妻而難偕老。又若妻星兩透，偏正雜出，何一夫而多妻？亦防刑剋之道也。

這裡也開始顧及六親宮位了，近賢論命，本來就要星宮同參，又指妻財星得用者，正財透干或坐支時，明顯重於坐月令，但雖不在月令中而能透干，亦主妻為賢內助。

若是其人財不為命中所喜用，甚至財星破損格局者，比如命主身太弱，只靠一弱印扶身，今見財來破印，或者傷殺等凶星破命局用神時，即使地支坐下得用，夫妻亦會有所刑剋，以現法論命，以「天干看現象，地支看力量」的原則，是成立的，採用這個觀點，便不至於搞得太過複雜。

但諸君論人夫妻情緣，必須細察全體，不能草率了事，影響了他人的家庭及婚姻，造成罪過。

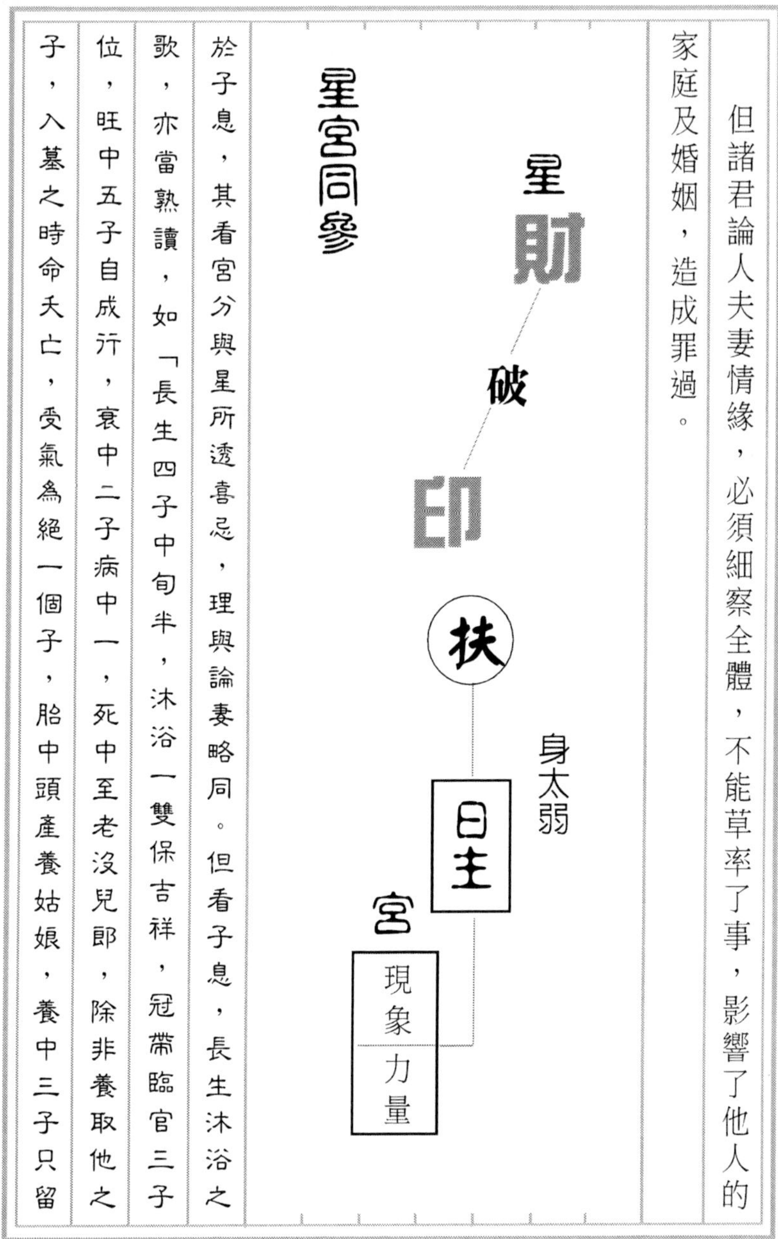

星宮同參

於子息，其看宮分與星所透喜忌，理與論妻略同。但看子息，長生沐浴之歌，亦當熟讀，如「長生四子中旬半，沐浴一雙保吉祥，冠帶臨官三子位，旺中五子自成行，衰中二子病中一，死中至老沒兒郎，除非養取他之子，入墓之時命夭亡，受氣為絕一個子，胎中頭產養姑娘，養中三子只留

一，男子宮中子細詳」是也。然長生論法，用陽而不用陰。如甲乙日只用庚金長生，巳酉丑順數之局，而不用辛金逆數之子申辰。雖書有官為女煞為男之說，然終不可以甲用庚男而用陽局，乙用辛男而陰局。蓋木為日主，不問甲乙，總以庚為男辛為女，其理為然，拘於官煞，其能驗乎？

看子息方法基本上與看妻星相同，都是星宮同參，配以喜忌六神和子息之星，即男命看官殺，女命觀食傷。這裡提出了一段長生沐浴歌，主要是以十二生旺庫中，由長生至墓絕所帶出的子息情況，應該屬於遠古流通的歌訣，作為參考是可以的，正式論命還是按照正五行六親推論較有把握。

所以八字到手，要看子息，先看時支。如甲乙生日，其時果系庚金何宮？或生旺，或死絕，其多寡已有定數，然後以時干子星配之。如財格而時干透食，官格而時干透財之類，皆謂時干有用，即使時逢死絕，亦主子貴，但不甚繁耳。若又逢生旺，則麟兒繞膝，豈可量乎？若時干不好，子透破局，即逢生旺，難為子息。若又死絕，無所望矣。此論妻子之大略也。

如前面所述，時柱為子女宮，喜用能配子女星，即代表子女成才，至於子女星位能坐得生旺而不是死絕之氣，亦能反映子女運之興衰。

看女子的子女運，有個較簡單的方法，就是不能身太旺，命中太多的印星，食傷星缺或被剋盡，女命將有難以生育或生產之應。

女命印多

印　印　食　印　印　傷　印

二十五、論行運

論運與看命無二法也。看命以四柱干支，配月令之喜忌，而取運則又以運之干，配八字之喜忌。故運中每運行一字，即必以此一字，配命中干支而統觀之，為喜為忌，吉凶判然矣。

八字命學先看命為主，次觀大運，亦即以行運論人吉凶，因此命好也得大運來配合，命主才能真正發運。大運的意思並非如一般不懂命理的人所想，行大運便等於行好運，只是傳統排八字會排出大運與小運來，後來現代論命者都覺得重複，令到批命複雜，加添矛盾，故而取消小運而保留大運，而這個大運是由本命的月柱父母宮直接計算出來，故可信性和合理性高。基因法以天干看現象，地支看力量，故外在環境的因素在天干，地支則為支持天干的力量，可謂唇齒相依。

文中指天干一字進入原局，其實是，先看自坐是何支根氣，有力無力，再入原局以察干支與原局合化情況，以判喜忌吉凶。

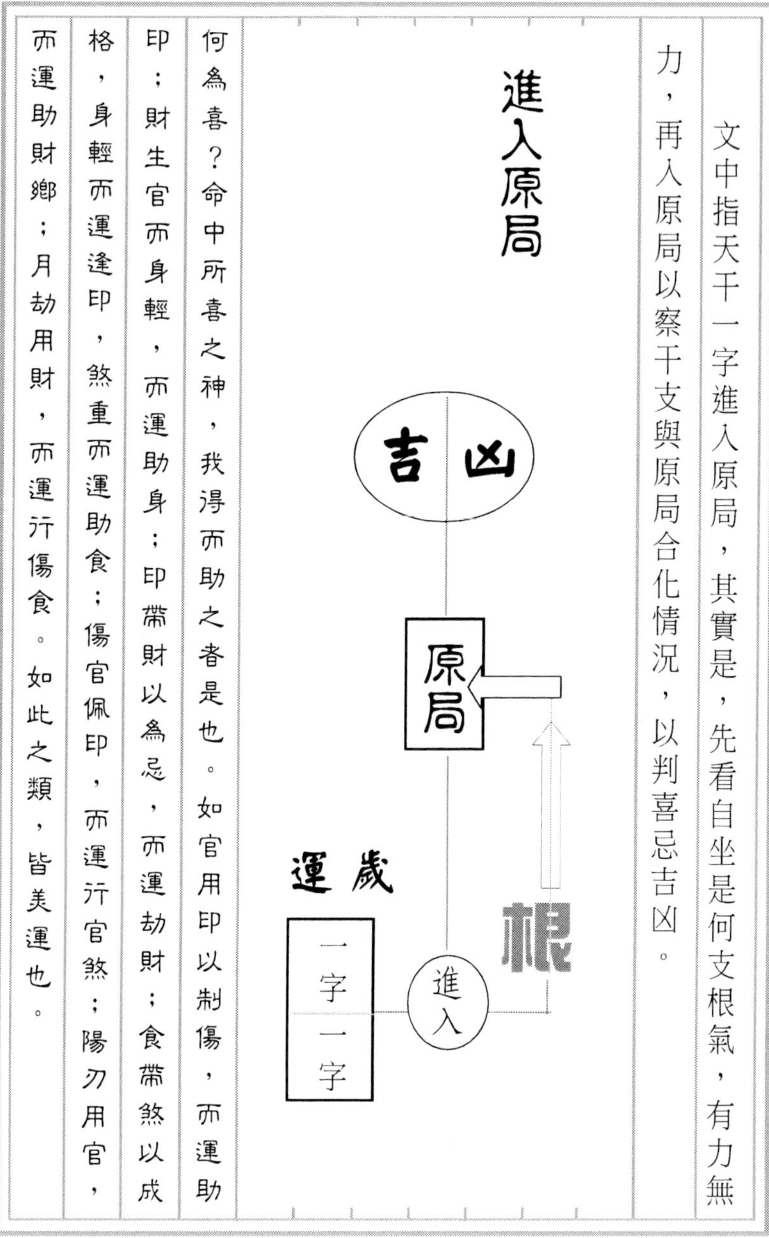

何為喜？命中所喜之神，我得而助之者是也。如官用印以制傷，而運助印；財生官而身輕，而運助身；印帶財以為忌，而運劫財；食帶煞以成格，身輕而運逢印，煞重而運助食；傷官佩印，而運行官煞；陽刃用官，而運助財鄉；月劫用財，而運行傷食。如此之類，皆美運也。

何謂忌？命中所忌，我逆而施之者是也。如正官無印，而運行傷；財不透食，而運行煞；印綬用官，而運合官；食神帶煞，而運行財；七煞食制，而運逢梟；傷官佩印，而運行財；陽刃用煞，而運逢食；建祿用官，而運逢傷。如此之類，皆敗運也。

若要更深入去認識行運吉凶，主要看用神和喜神，用神直接生助到原局，有利日主，配合格局發揮，如此即被視為好運，但遇到了忌神剋用神時，便會產生壞運了，這時要有喜神來助起用神，並轉化忌神不剋用神，輾轉還是對日主有利。

對這種喜用仇忌的運作，有了一定的理解，便會更易於掌握大運六神進入原局時，所產生的吉凶狀況，如說到官用印制傷，得印運來扶身弱的日主，便屬佳運，其大致想說，日主身弱更逢傷官透，本來是用正印去生身的，難得又可以制住傷官，免其剋我正官，如此便能保住功名地位，故

喜用仇忌

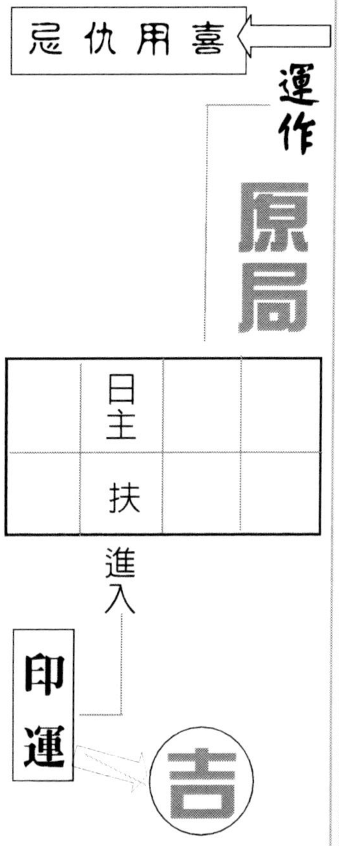

而運行助印者即官星，是為吉運。

舉一反三，印帶財身弱行劫運，食帶殺身弱行印運等，和運中喜忌都是同一道理，一理通百理自明。

其有似喜而實忌者，何也？如官逢印運，而本命有合，印逢官運，而本命用煞之類是也。有似忌而實喜者，何也？如官逢傷運，而命透印，財行煞運，而命透食之類是也。

這段講的是命中似喜實忌，既然是命中的喜，何以又會變成忌呢？這必定是非常複雜矛盾，但書中說「用官卻行印運，而原局有合」，但沒有說明合甚麼和怎樣合，如此又怎能理解呢？如果說本來日主身弱見官，是主功名受制，壓力重，如今見到大運有正印，入原局來生日主，於是官星不去壓制日主，反而轉生印星，印又生身，這功名事業有望了，但原局中卻有個偏才（只有偏才能合印），便會合住這個正印星，即使不能化印為財，亦被合住，失去了印星的作用，於是便「似喜實忌」了。

似喜實忌

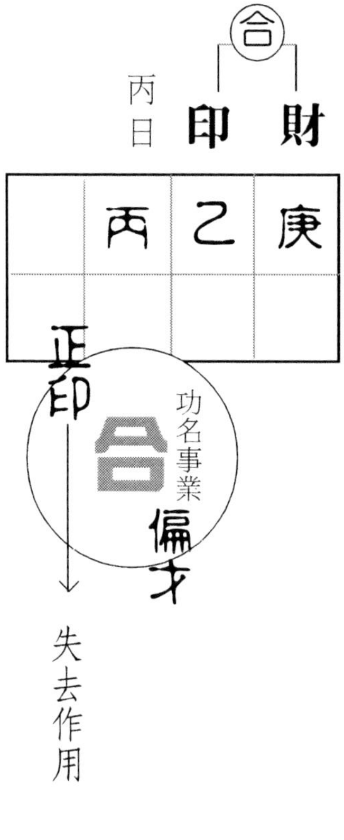

庚	乙	丙	

讀者諸君可以看到了，要清晰明白，就免不了要這樣去分析解說，希望讀者能一理通，百理明，往後便不需要不斷重複了，因此喜而忌，忌而喜，都是同一道理而已。

文中官逢傷運，而命透印者，無非想講本命有正官吉星，行傷官運時，恐傷官見官出事，但本命有印制住傷官，故而忌中又喜，但這都是一個片面的例子，也要讀者明白前面的道理，能舉一反三，方能通曉。

又有行干而不行支者，何也？如丙生子月亥年，逢丙丁則幫身，逢巳午則相沖是也。

又有行支而不行干者，何也？如甲生酉月，辛金透而官猶弱，逢申酉則官植根，逢庚辛則混煞重官之類是也。

八字基因法論命，有著較完備的大運法理論，主要是天干看現象，地

支看力量的口訣，此外又有大運干支進入原局這基理，還有天干合住不化，便由地支出干運作等創新之法。

本文指日主丙生子月與亥年，水多生寒，丙火極弱，行火運自必直接暖身幫身，日主受益，但要考慮到地支的午火和巳火，都會和月柱的子水相沖，這樣會造成不穩定，因此不及天干見丙丁火運來得安好，故言用干不用支，相反用支不用干都是同一道理。

書中例子有點問題，甲木日主生於酉月，干透辛金官星，如此日主官旺身弱居多，但其說官星猶弱，另外又以官殺混為必差，亦須檢討。

又有干同一類而不兩行者，何也？如丁生亥月，而年透壬官，逢丙則幫身，逢丁則合官之類是也。

又有支同一類而不兩行者，何也？如戊生卯月，丑年，逢申則自坐長生，逢酉則會丑以傷官之類是也。

這裡所講丁日生亥月，年干透壬水正官，運行丙火幫身，如身弱得劫財入局幫身敵官殺，有助功名事業，行丁火比肩又如何好？因丁入原局即合了壬官，即視為同類不兩行，但卻沒有考慮丁壬之合，會一齊合化變成木印，幸正印生身為吉，日主雖然失去了壬水官星，但有印來生身，亦屬佳運。

又有同是相沖而分緩急者，何也？沖年月則急，沖日時則緩也。又有同是相沖而分輕重者，何也？運本美而逢沖則輕，運既忌而又沖則重也。

地支見沖一般都視為不好，因會引發不安定，其實也有沖走命中的忌神反而吉的，就如體內生石，做手術打碎它，長痛不如短痛的道理一樣，又如有個小人惡敵，持續向你打壓欺負，且全沒停手之意，此時你便要拿出勇氣來反抗，沖開甚至沖走它，使它對本身的威脅消失，這又有何不可

但「沖」始終會兩敗俱傷，我們以道德為前提下，還是以和為貴，以「合來解沖」為上策，只有在無法得到和平的情況下，這才以武力來解決，讀者看一看當今之世，想想慘烈的俄烏戰爭，便會有發自內心的體會了。

又有逢沖而不沖，何也？如甲用酉官，行卯則沖，而本命巳酉相會，則沖無力；年支亥未，則卯逢年會而不沖月官之類是也。

這裡原文又提出難題來，且看它如何作解，見甲木日主生於酉月，月令為官星，行卯運當然會造成卯酉相沖，幸好原局本身地支有巳作巳酉合，故卯木來沖而無力。如年支是亥未，運行卯木入原局，成亥卯未三會東方木局，這沖不成。

又有一沖而得兩沖者，何也？如乙用申官，兩申並而不沖一寅，運又逢寅，則運與本命，合成二寅，以沖二申之類是也。

另外一沖而成兩沖，是指乙木日主，身旺有官星可用，地支二申同見而不沖一寅，這是傳統古法論命時的一種看法，但沒有理論作基礎，故受到很多近代命家所反對，若以正五行則會依然作沖論，而且是雙沖，其沖力更倍增。至於文中指寅運來沖原局時，形成二沖二而不是二沖一的觀點，讀者更加要審慎看待。

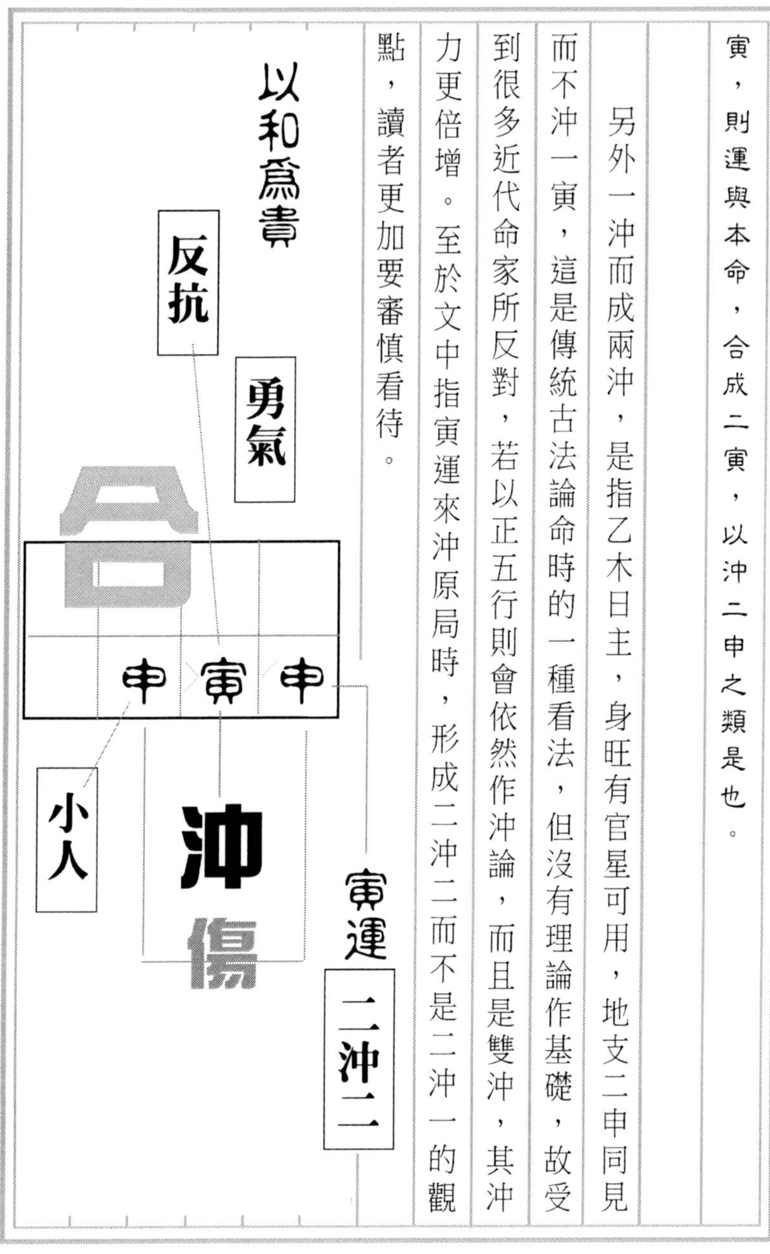

二十六、論行運成格變格

命之格局，成於八字，然配之以運，亦有成格變格之權，其成格變格，較之喜忌禍福尤重。

何為成格？本命用神，成而未全，從而就之者是也。如丁生辰月，透壬為官，而運逢申子以會之；乙生辰月，或申或子會印成局，而運逢壬癸以透之。如此之類，皆成格也。

何為變格？如丁生辰月，透壬為官，而運逢戌，透出辰中傷官；壬生戌月，丁己並透，而支又會寅會午，作財旺生官矣，而運逢戊土，透出戌中七煞；壬生亥月，透己為用，作建祿用官矣，而運逢卯未，會亥成木，又化建祿為傷。如此之類，皆變格也。

丁日生於辰月，命透壬水官星，行運見申和子，是與辰月地支作半合，要看天干有否透水，才能作化，否則只是合而不化，雙方都會失力，乙日生辰月，原局有申或子水合局者，運見壬癸水入局時，會大大加強原局之水力。但所指的成格變格，又是另外一種要求，似與上述無關。

丁生辰月透壬官運逢戌，這個戌又怎會透出了月支辰中傷官？只能說是因辰戌相沖，沖開墓庫的概念之故，運戌來沖原局辰，原本入庫的傷官土，便可出來剋天干的壬官，令本來的官星格局有變，但文中講而不解，讀者都要小心應對。

然亦有逢成格而不喜者，何也？如壬生午月，運透己官，而本命有甲乙之類是也。又有逢變格而不忌者，何也？如丁生辰月，透壬用官，逢戌而命有甲；壬生亥月，透己用官，運逢卯未，而命有庚辛之類是也。成格變格，關係甚大，取運者其細詳之。

這裡又有成格而不喜，雖然格局成了又何解不以為喜？且看原文如何作解，壬水日元生於午月，行運見己土官星，原局透甲乙木，這代表甚麼？嘗試去解讀一下，壬日主生午月，天干透食傷，身弱居多，歲運見己即成甲己合土，化重官剋身，命弱又怎能擔得起財官，故而不喜。又有變格而不忌，如丁日生辰月，官星壬水透出，逢戊運而原局中有甲木，這是屬於身弱有木印所助，能用官星，但以上就與成格喜不喜、忌不忌、與成格不喜、變格不忌等拉不上關係。

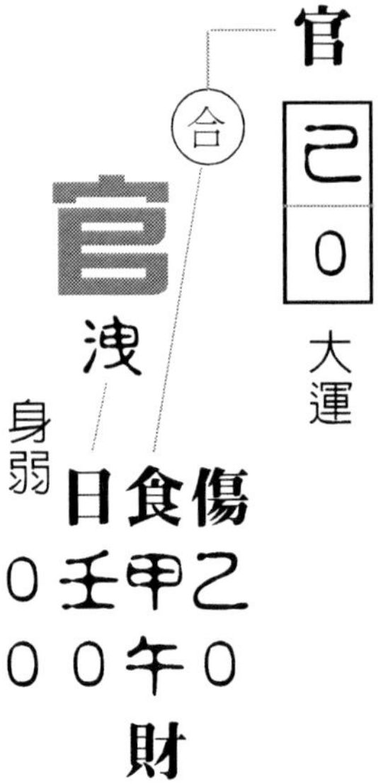

大運：官 己 0

（合）官 洩

身弱

傷	食	日	
乙	甲	壬	0
0	午	0	0
	財		

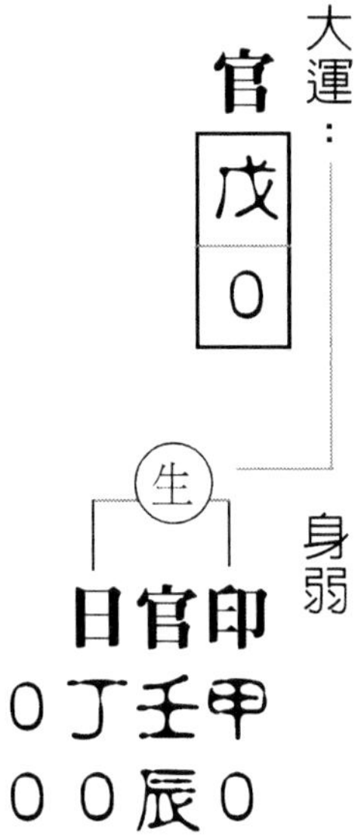

大運：官 戊 0

（生）

身弱

印	官	日	
甲	壬	丁	0
0	辰	0	0

二十七、論喜忌干支有別

命中喜忌，雖支干俱有，而干主天，動而有為，支主地，靜以待用，且干主一而支藏多，為福為禍，安不得殊？譬如甲用酉官，逢庚辛則官煞雜，而申酉不作此例。申亦辛之旺地，辛坐申酉，如府官又掌道印也。逢二辛則官犯重，而二酉不作此例。辛坐二酉，如一府而攝二郡也，透丁則傷官，而逢午不作此例。

天干之氣只有一個五行屬性，屬外在環境因素，故主動，地支藏著兩或三個氣，是一種力量根氣，故主靜。

另又提到官殺混雜只論天干，地支不算，這亦合乎天干看現象，地支看力量的觀點，如甲日身旺能用酉官，運逢庚殺辛官是為相混雜，至於地支見申酉官殺則不雜。

這種天干地支的現象和力量，還可以進一步用外在與內在來解釋，天干就如外在的形勢，地支則如內在的情況，你在外面工作是天干，在家裡便如地支，這樣大家可能會有較深的體會。

丁動而午靜，且丁己並藏，安知其為財也？然亦有支而能作禍福者，何也？如甲用酉官，逢午本未能傷，而又遇寅遇戌，不隔二位，二者合而火動，亦能傷矣。即此反觀，如甲生申月，午不制煞，會寅會戌，二者清局而火動，亦能制殺矣。然必會有動，是正與干有別也。即此一端，餘者可知。

天干丁火屬動，地支午火則靜，午中藏丁己，怎樣得知是財星，見金是為財，如甲日生人用在酉金正官，如支下有午火，火輕則未能傷到酉金之官，但若見寅木戌土時，便會合午化火，此時力量倍增下，酉金傷了。

火力倍增

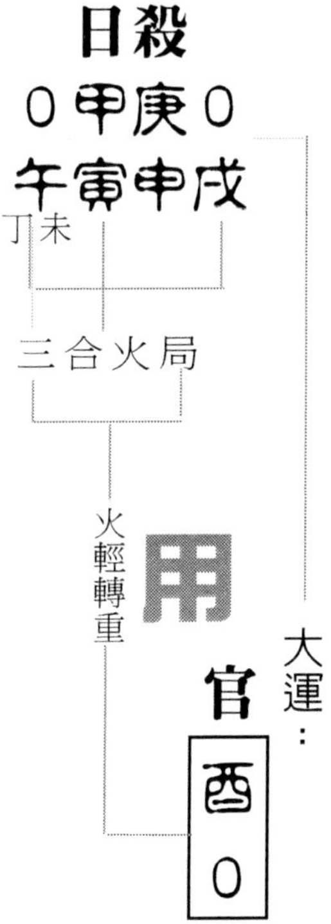

殺 日
0 庚 甲 0
戌 申 寅 午
丁未

三合火局

火輕轉重

用

大運：
官
酉
0

至於天干，又如甲木生於秋申月，干上有庚金七殺，支下午中的丁不能透出制庚殺，但合寅戌成三合火局，這時火力強大起來，大大提升，於是天干庚金受到煎熬耗洩。

這裡筆者還有另一種很不簡單的解釋方法，用左右大腦來區分天干地支的關係，據腦神經學博士吉兒·泰勒解釋，左腦是一個在外界的我，我是個甚麼樣的人，每天做著甚麼事，又要為明天如何努力，不斷去推動自我進取，是一個不斷學習的線性分析體。

右腦則完全不同，它是一個完全沒有小我的大宇宙整體，一個完美而平靜的境界，那裡沒紛爭，只有自然平衡，就如易經所說，是一片混沌初開的境界。

所以，有時我覺得，有喜用神在天干的人，會有一個相對現實的美好環境，但喜用藏在地支不透干時，雖然其人生活條件略次，但內心卻充滿善與美，前者主左腦，後者主右腦。

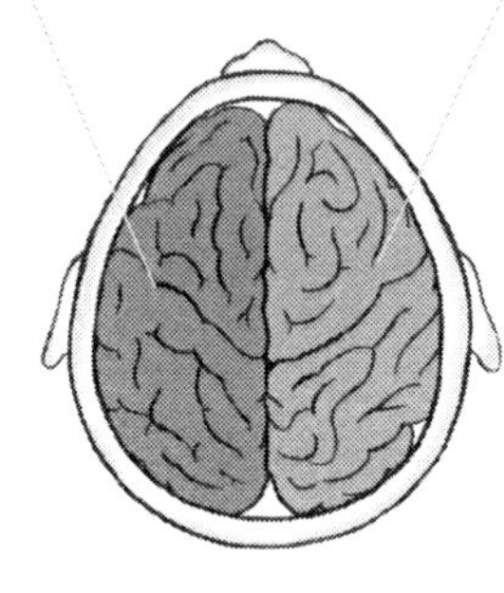

腦神經學博士：
吉兒‧泰勒
Jill Bolte Taylor

二十八、論支中喜忌逢運透清

支中喜忌，固與干有別矣，而運逢透清，則靜而待用者，正得其用，而喜忌之驗，於此乃見。何謂透清？如甲用酉官，逢辰未即為財，而運透戊，逢午未即為傷，而運透丁之類是也。若命與運二支會局，亦作清論。如甲用酉官，本命有午，而運逢寅戌之類。然在年則重，在日次之，至於時生於午，而運逢寅戌會局，則緩而不急矣。

本段是「論支中喜忌逢運透清」，簡單地理解，應該想講一個清字，透者透干，即行運如何取得透干又清顯的用神。

所謂透清，原文解釋是甲木身旺，其用在酉官，見辰土及未土財之根，行運透戊土財星，這財確實很清，見午未之合化為火，即為傷官，如運透丁火是傷官運至，便會傷官生戊財，但講了一大片又與透清有何相

關？其次指二支會局的八字，在年上會較重於日，這個應該想說年月日時的先後次序，如有地支相合運，合之在時者即緩而不急，其理卻不甚明。

雖格之成敗高低，八字已有定論，與命中原有者不同，而此五年中，亦能為其禍福。若月令之物，而運中透清，則與命中原有者，不甚相懸，即前篇所謂行運成格變格是也。故凡一八字到手，必須逐干逐支，上下統看。

本段裡有提到五年中一語，以大運十年計，有傳統論運，以天干管前五年，地支管下五年，但也有以天干地支同管十年的，而後者正乎合基因法的基理。

支為干之生地，干為支之發用。如命中有一甲字，則統觀四支，有寅亥卯未等字否，有一字，皆甲木之根也。有一亥字，則統觀四支，有壬甲二字

否。有壬，則亥為壬祿，以壬水用；用甲，則亥為甲長生，以甲木用；用壬甲俱全，則一以祿為根，一以長生為根，二者並用。取運亦用此術，將本命八字，逐干支配之而已。

基因法論行運干支時，會有一個頗為創新的思維，大家有否發覺，有些人明明是行運一條龍，在所有人眼中都覺得他得到功名利祿，卻不知何解，其人內心一點也不歡快，相反亦有些人很平凡，卻活得很快樂和有意義，這個都是外在天干得到喜用，但地支卻行忌神運所致，大運中有所謂「蓋頭截腳」，就是源於此理。

這裡講得好，「支為干之生地，干為支之發用」，因此要干支齊看，先看天干一字，所坐何支，先求月支，次尋其餘年日時支，再作整體而統一的分析，以定吉凶。這個過程說來簡單，必須經過嚴格的基礎訓練才能達至，循序漸進，從八字基因法中，便可體驗這個算命論運的遊戲規則。

二十九、論時說拘泥格局

八字用神專憑月令，月無用神，始尋格局。月令，本也；外格，未也。今人不知輕重，拘泥格局，執假失眞。

故戊生甲寅之月，時上庚申，不以為明煞有制，而以為專食之格，逢甲減福。丙生子月，時逢巳祿，不以為正官之格，歸祿幫身，而以為日祿歸時，逢官破局。辛日透丙，時遇戊子，不以為辛日得官逢印，而以為朝陽之格，因丙無成。財逢時煞，不以為生煞攻身，而以為時上偏官。癸生巳月，時遇甲寅，不以為暗官受破，而以為刑合成格。癸生冬月，酉日亥時，透戊坐戌，不以為月劫建祿，用官通根，而以為拱戌之格，填實不利。辛日坐丑，寅年，亥月，卯時，不以為正財之格，而以為填實拱貴。乙逢寅月，時遇丙子，不以為木火通明，而以為格成鼠貴。如此謬論，百無一是，此皆由不知命理，妄為評斷。

這一篇論述，是針對當時坊間普遍採用的多種格局，其實子平基因法，就只有八格配五變局（參考本人易氏格局精華），把格局更為集中。

例中以戊土日主生甲寅月，時上透庚食，是為七殺有制，食神制殺格命，而有些人認為庚金食神成格，不去論食神制殺格，反而認為七殺損福，這種正反論述，都是講求條件，沒有絕對的對與錯。

總而言之，全局配合得上就是，更多的格局都只是巧立名目，真正判斷，還是以正五行及基因法作準。

食神制殺格

正　反

食		殺	
庚	戊	甲	0
0	0	寅	0

三十、論時說以訛傳訛

八字本有定理，理之不明，遂生異端，妄言妄聽，牢不可破。如論干支，則不知陰陽之理，而以俗書體像歌訣為確論；論格局，則不知專尋月令，而以拘泥外格為活變；論生尅，則不察喜忌，而以傷旺扶弱為定法；論行運，則不問同中有異，而以干支相類為一例。究其緣由，一則書中用字輕重，不知其意，而謬生偏見；一則以俗書無知妄作，誤會其說，而深入迷途；一則論命取運，偶然湊合，而遂以己見為不易，一則以古人命式，亦有誤收，即收之不誤，又以己意入外格，尤為害人不淺。

說到以訛傳訛，從來都有發生在八字命理上，坊間那些湊合而成的俗書亦屬不少，以前是這樣，現在又何嘗不是，可謂見怪不怪。

現在是科學昌明的世代，人人都受過教育，不難想像以往在古老社會，不是人人都讀書識字，只是坊間流傳的世俗如神煞與外格等，名目多多，都為了給人易明易記而已，我們不須要太過執著。

如壬申、癸丑、己丑、甲戌，本雜氣財旺生官也，而以為乙亥時，作時上偏官論，豈知旺財生煞，將救死之不暇，於何取貴？此類甚多，皆誤收格局也。如己未、壬申、戊子、庚申，本食神生財也，而欲棄月令，以為戊日庚申合祿之格，豈知本身自有財食，豈不甚美？又何勞以庚合乙，求局外之官乎，此類甚多，皆硬入外格也。

這裡用了一個八字命例，試看看其論述：

本命因為地支土多，被視為雜氣財官之命，卻很少人看得懂，於是解不通時，便索性用下一個時辰乙亥來計，並引起了種種誤差，既然如此，

雜氣財官

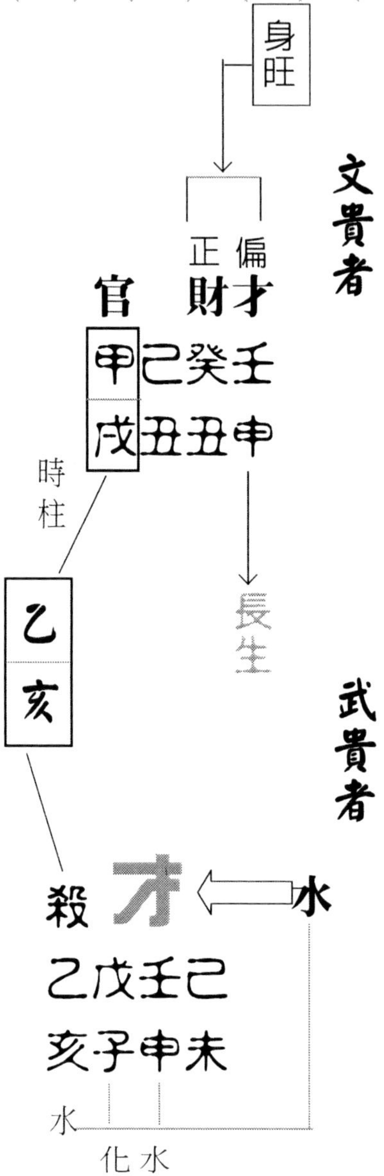

文貴者

身旺

正財 偏才

官

甲己癸壬

戊丑丑申

時柱

乙亥

長生

武貴者

殺 才 ← 水

乙戊壬己

亥子申未

水

化水

不防以基因正五行作評論，前命因地支三土連氣再透甲己合土，身旺而得正偏財星齊透，且坐申金長生之水，實為富貴雙全之命，而後改時為乙亥，時透的是七殺，自坐亥水，其財力更勝，因財旺生殺之局，前者多以文取得貴顯，後者則以威武取得權貴居多。

人苟中無定見，察理不精，睹此謬論，豈能無惑？何況近日貴格不可解者，亦往往有之乎？豈知行術之人，必以貴命為指歸，或將風聞為實據，或探其生日，而即以己意加之生時，謬造貴格，其人之八字，時多未確，即彼本身，亦不自知。若看命者不究其本，而徒以彼既富貴遷就其說以相從，無惑乎終身無解日矣！

原作者沈氏，對當時命學界的不滿，在本篇可謂表露無遺，這種一知半解，強加己見，變成人云亦云的情況，不單在過往，現在又何嘗不是，因此，我輩學命之人，都須要認真看待每一個命。

文中說到很多時有隨意造命的情況，連時辰都未能確認，便謬造出命式來，對位入座，以滿足大眾對一些名人八字的好奇，這實在是從古至今，一直以來的普遍情況，因此讀者讀到這類只著重名人八字的命書時，都要抱懷疑的態度，參考無妨，但別太當真。

以下各篇先論六神正星，後說偏星，由於正星財官印食被視為論命之正統吉星，在傳統上亦能理解，先去認識清楚六神正偏，或會較易學習，但今天社會不同了，人事物均複雜得多，還是連帶偏星同論會較好，正反兩面的利弊都明白了，論命才不會偏頗。

卷四

論四吉正星正格

三十一、論正官

正官星是一個正星、吉星，其與七殺不同，正官是一種合理合法的制度，規範了人們的生活，人倫與道德的標準，因此，命中有一個清顯有力的官星，其人必能在社會上有一定地位，在事業上有一定的成就，在工作上能夠處於領導階層，做人做事都條理分明。

官以剋身，雖與七煞有別，終受彼制，何以切忌刑沖破害，尊之若是乎？豈知人生天地間，必無矯焉自尊之理，雖貴極天子，亦有天祖臨之。正官者分所當尊，如在國有君，在家有親，刑沖破害，以下犯上，烏乎可乎？以刑沖破害為忌，則以生之護之為喜矣。存其喜而去其忌則貴，而貴之中又有高低者，何也？以財印並透者論之，兩不相礙，其貴也大。

讀到這裡，終於在本篇開始，落實六神在命中的各種情況，先講的是「正官」。

正官與七殺同為剋身之物，又何以有所分別呢？主要是陰陽之剋，日主與正官是陰陽相配的，而七殺則與日主陰陽不相配，是相斥的，日主受剋大家都以為不好，其實這個「剋」可以理解成「制」，制約與制度等意思，社會要有制度，學校有校規，家也有家規，這有何不妥呢？

因此，正官一直被傳統命書視作男人的功名，女人的夫君，並奉為命中的吉星，至為重要。

書中特別說明，這個在八字裡的官星，

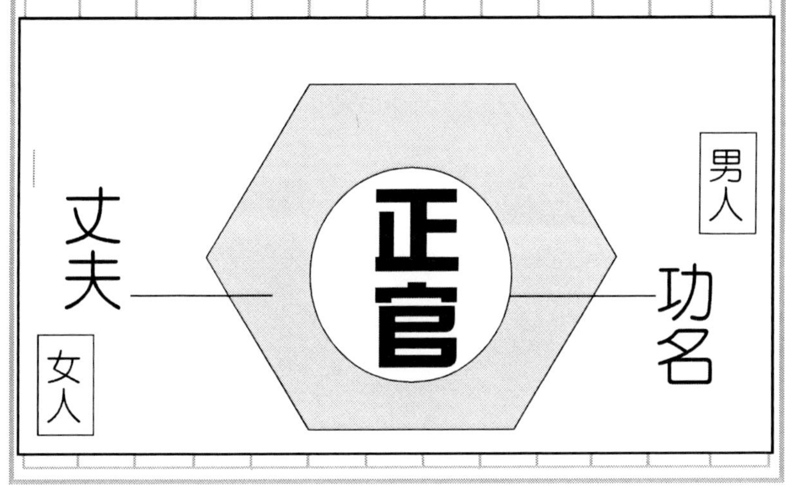

一怕天干傷，二怕地支沖，與官星對沖被視為以下犯上，其實命主用官卻被沖，每為事業受打擊居多，又要有財星生官為最吉，因其可以轉化傷官，令其生財而不去剋正官。

至於官星格局至高者，莫過於財官印齊透了，這名之為天上三奇，三吉星齊透，財生官、官生印、印生身，是為順生有情，其次是身旺透財官，身弱透官印，都是屬於高格局，只得一個官星清顯時，只能說是中上格局。

如薛相公命，甲申、壬申、乙巳，戊寅，壬印戊財，以乙隔之，水與土不相礙，故為大貴。若壬戌、丁未、戊申、乙卯，雜氣正官，透干會支，最為貴格，而壬財丁印，二者相合，仍以孤官無輔論，所以不上七品。

書中提供一貴命例，可以看看：

財星太露

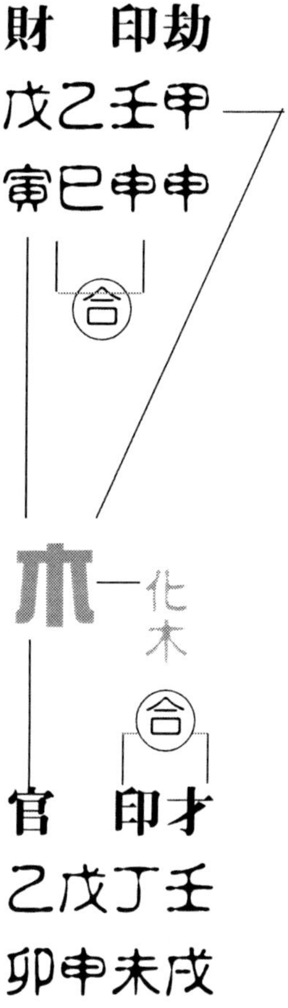

財　印劫
戊乙壬甲
寅巳申申

合

木　化木

合

官　印才
乙戊丁壬
卯申未戌

乙木生於申金之月，天干透壬正印，支下巳申化水，再有甲木和寅根，表面是主印重身旺，喜見戊土正財之命，但是財星太露，又無食傷，很易被劫財所奪，一時行財運尚可，只怕運過境遷，終須劫財破局，怎會是大貴之命，除非入得專旺格，關鍵是日支巳火，被申金所化，火變成水而令戊土虛浮，成假專旺命，格局即大大提升。

此命雖貴，但丁壬相合，被指孤官無輔，只為小官，但實情丁壬之合

能化成木，官星非但不孤，而且太旺，因支下卯未已經是合化成木，戊土申金未易透出，故格局較次而已，因官重，可能是打一份壓力很重的政府工，較難升職吧。

若財印不以兩用，則單用印不若單用財，以印能護官，亦能洩官，而財生官也。若化官為印而透財，則又為甚秀，大貴之格也。如金狀元命，乙卯、丁亥、丁未、庚戌，此並用財印，無傷官而不雜煞，所謂去其忌而存其喜者也。

這段大意是指當八字開出來時，並不是一定透正官的，正如不是人人皆適合從政或當主管，世間上不能自我約束者大有人在，怎能強迫一個喜歡自由自在的人事事克制呢？因此如果不見官星，起碼也見正財或正印，取這兩個吉星為用，如果只見印或財時，指用財不如用官，因身旺印會洩官為忌，身旺用財則能生官，待歲運遇官入原局時，便能成財官相助了，相反身弱則以印為先，官來即生印兼生身，令日主身健旺。

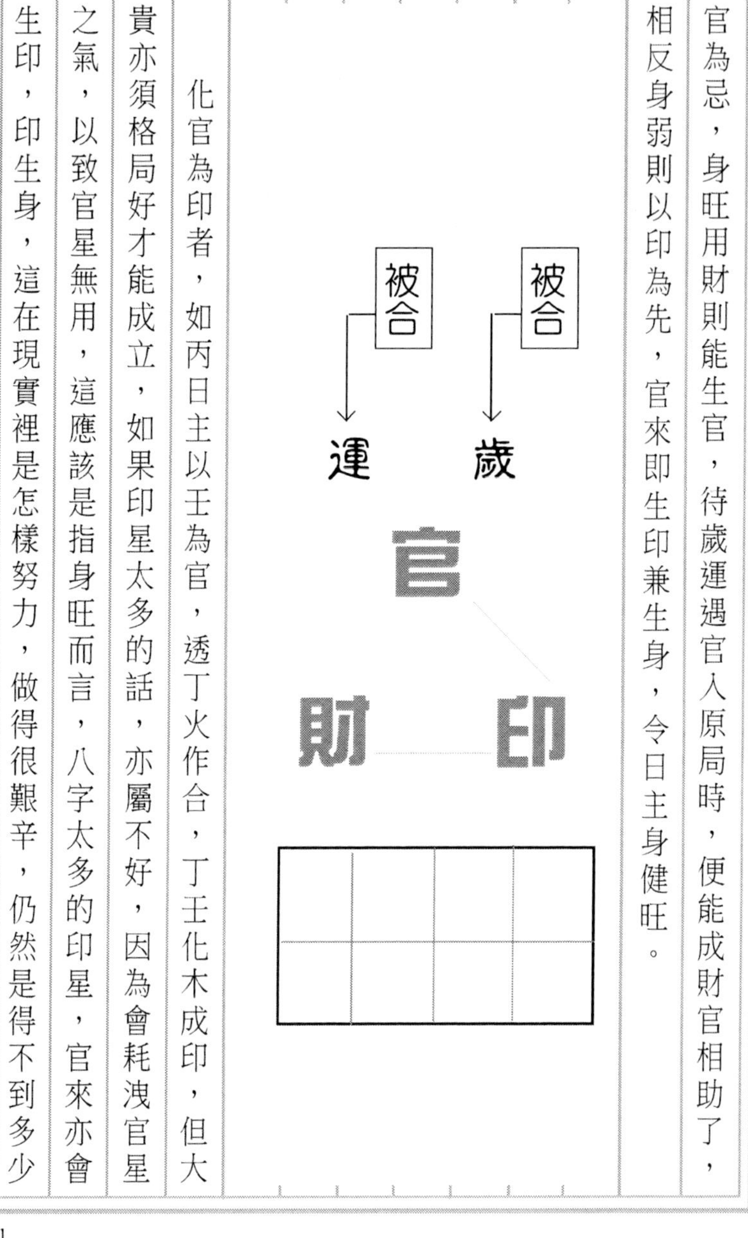

化官為印者，如丙日主以壬為官，透丁火作合，丁壬化木成印，但大貴亦須格局好才能成立，如果印星太多的話，亦屬不好，因為會耗洩官星之氣，以致官星無用，這應該是指身旺而言，八字太多的印星，官來亦會生印，印生身，這在現實裡是怎樣努力，做得很艱辛，仍然是得不到多少

讚賞，也不單止沒有功勞，反而引來是非，小人偏印的阻礙，大家應該這樣來認識印重洩官的說法。

> 然而遇傷在於佩印，混煞貴乎取清。如宣參國命，己卯、辛未、壬寅、辛亥，未中己官透干用清，支會木局，兩辛解之，是遇傷而佩印也。李參政命，庚寅、乙酉、甲子、戊辰，甲用酉官，庚金混雜，乙以合之，合煞留官，是雜煞而取清也。

既以傷官為忌喜配印，透七殺便不混官為前提，且看書中一例。

本命官印相生，支下傷官根重，幸得二印化解，不剋正官。其實本命身弱而無根，幸有天干官印生身，保住日主，官得月令，官印尚算得用。

另一個命例是個合殺留官的例子，但須要特別注意，不少命書說到，七殺在天干，正官在地支，並沒有干支同見時，不作官殺混雜論，況且本

官印雙生

印		印	官
辛	壬	辛	己
寅	亥	未	卯
傷		傷	傷

三合木局

命乙庚合化成殺，更得月令主氣，官星祿旺，日主身弱必須見印比劫助身，本命乙木與子辰均合而不化，生助之力受困，幫不了身，只有靠寅木比星作根，待運補干，方能顯達。

合殺留官

七殺

合

才		劫	殺(合殺)
戊	甲	乙	庚
辰	子	酉	寅
		官	

月令主氣

至於官格透傷用印者，又忌見財，以財能去印，未能生官，而適以護傷故也。然亦有逢財而反大貴者，如範太傅命，丁丑、壬寅、己巳、丙寅，支具巳丑，會金傷官，丙丁解之，透壬豈非破格？卻不知丙丁並透，用一而足，以丁合壬而財去，以丙制傷而官清，無情而愈有情。此正造化之妙，變幻無窮，焉得不貴？至若地支刑沖，會合可解，已見前篇，不必再述，而以後諸格，亦不談及矣。

正官格身弱用印，怕財來剋印，令用神受損，這是顯淺之理，但財星入局不能生官只護財這論點，卻不成立，因為財星入局必生官星，只是本命原局無印則忌財，有印星便財來生官、官生印、印生身，這又能順生，故不為所忌。

此太傅之命，己土日元生寅月，支下寅木雙根，天干丁壬化木，七殺強旺之造，無如天干正偏印齊透，丙火兩坐長生，可謂源源不絕，殺印相

火坐長生

主
木
偏印　正印
合
中
印 財 餘
丁 壬 己 丙
丑 寅 巳 寅
戊丙甲　戊丙甲
雙根
木 主
真神得用

生之格局，除了月令寅木真神得用外，二寅中的主中餘氣齊由天干的木火透出，故而大貴。若按原文分析，支下合而不化，天干又制支下傷官無力，講不通此命。反而說到地支沖，用合可解，其理頗合。

三十二、論正官取運

取運之道，一八字則有一八字之論，其理甚精，其法甚活，只可大略言之。變化在人，不可泥也。如正官取運，即以正官所統之格分而配之。正官而用財印，身稍輕則取助身，官稍輕則助官。若官露而不可逢合，不可雜煞，不可重官。與地支刑沖，不問所就何局，皆不利也。

本段主要講正官格行運，身弱用印官生印，身旺用財財生官，就這樣簡單，透官則防合住或被合化，以致官失其用，也不要官殺混雜，官星不可太重，更不可受沖刑，都會令正官格的力量降低。

正官用財，運喜印綬身旺之地，切忌食傷。若身旺而財輕官弱，即仍取財官運可也。正官佩印，運喜財鄉，傷食反吉。若官重身輕而佩印，則身旺為宜，不必財運也。正官帶傷食而用印制，運喜官旺印旺之鄉，財運切忌。若印綬疊出，財運亦無害矣。

身旺之地，自然喜財官以發功名利祿，官印雙生喜食傷生財，財生官再生印，官重配印是常理，身弱便不必用財生官，食傷亦如是，道理相同，總之配好旺弱，便可以歲運入原局論吉凶，自無矛盾。

正官而帶煞，傷食反為不礙。其命中用劫合煞，則財運可行，傷食可行，身旺，印綬亦可行，只不過復露七煞。若命用傷官合煞，則傷食與財俱可行，卻不宜逢印矣。此皆大略言之，其八字各有議論。運中每遇一字，各有研究，隨時取用，不可言形。凡格皆然，不獨正官也。

至於說官殺混雜時，可以不忌食傷，因制了其中一個，令格局轉清之故，用劫合殺命，每見於陽刃格，可行財運，後面陽刃格篇會有更詳細的解釋，身旺可行印運者，無非想講化去七殺，便讓官星更能專於本位，命旺用傷官合殺者，又可行生財之運，不宜印來助旺日主。

三十三、論財

古人說：「財為養命之源」，說得一點也不為過，看大多數人去看相算命，無非是為了財之一字，現今社會是個商業社會，當今之世，是個商業主導的世界，這也難怪世人對財之一字如斯看重，於是今天的人說：「錢是萬能，沒有錢便萬萬不能」。對於這個金錢的課題，筆者就寫了一部著作「八字財經」 pubu.com.tw/ebook/213966

書中告訴你如何看幾樣重要的事情：

1：計算你的第一桶金在那裡。

2：為自己編訂一生財富的時間表。

3：探知你能承擔得起多大的財力？

4：劫財星在命中為患時，怎保財源。

財為我剋，使用之物也，以能生官，所以為美。為財帛，為妻妾，為才能，為驛馬，皆財類也。財喜根深，不宜太露，然透一位以清用，格所最喜，不為之露。即非月令用神，若寅透乙、卯透甲之類，一位亦不為過，太多則露矣。然而財旺生官，露亦不忌，蓋露以防劫，生官則劫退，譬如府庫錢糧，有官守護，即使露白，誰敢劫之？

這段指財為日主我所剋之物，是我所得到，所擁有的事物，因此古時的男性社會，便把妻妾也視為我所擁有之物，這在今天來說，當然會有點不公平，所以這方面大家也要從善如流，至於其它方面，古往今來的金錢定位，都不會有甚麼差別，仍然是眾生追逐的至愛。

財能生官，這是第一好處，意思簡單理解，即有了錢便有了權利，有了地位有了財，便可以定下你的規則，要別人去遵守，使你更能夠適合和操控這個古時的官場，亦即現今的商業社會。

因此，書中說財宜根深不宜根淺，最好是月令財根，其次財支合化財局者，即為財根深種，若是財根不深反淺者，最不宜財星太露，怎樣是財太露，即命中單獨一粒財星透出天干，沒有官殺護財，也無食傷轉化，故只透財而無官殺食傷同透時，則財星便易受劫財星所剋去，以致破財損運。

一位獨清者不算是露，與月令真神得用，且主氣出天干，其根氣有力量，但受到剋合時，亦會有影響，不能完全視之為不露。

如葛參政命，壬申、壬子、戊午、乙卯，豈非財露？唯其生官，所以不忌也。財格之貴局不一，有財旺生官者，身強而不透傷官，不混七煞，貴格也。有財用食生者，身強而不露官，略帶一位比劫，益覺有情，如壬寅、壬寅、庚辰、辛巳，楊侍郎之命是也。透官身弱，則格壞矣。有財格佩印者，蓋孤財不貴，佩印幫身，即印取貴。

這裡說財旺生官時不怕財露，即是身旺喜用財官時，可以財露，因有官星配合之故，看看書中命例：

假從勢格

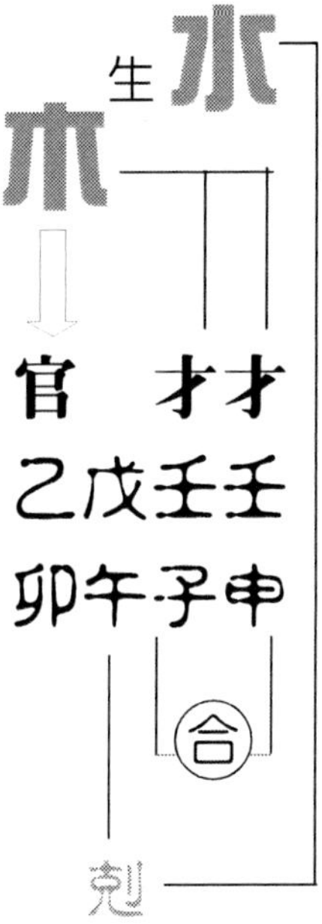

才	才		官
壬	壬	戊	乙
申	子	午	卯

（申子合；壬壬水生木；子水剋午）

此命的天干兩現偏財，雙才生官，指不為所忌，忌與不忌，且先來判

此命例，戊土日生子水月，申子雙化水局出天干，八字半壁皆水，財星旺極，官星自坐卯木於時柱，盛水生強木，全局只得一個午火，亦被子水剋去，入假從勢格命，喜財生官，如此強勢的偏財，當劫財火歲運到來，即為盛水所撲，但本身官星乙卯木生起了火，也會引起剋力，經濟受損仍難

避免，尤其是寅與未來合命中午火時，火即成根，天干再見丙丁火或癸合化火時，其打擊之力便大大提升，更不可掉以輕心。

如乙未、甲申、丙申、庚寅，曾參政之命是也，然財印不宜相並，如乙未、己卯、庚寅、辛巳，乙與巳兩不相能，即有好處，小富而已。

這裡的命例是說財印相並，但說得並不清晰，令人產生猜想，就著此二命例而言，前命印在天干，財在地支，且無直坐而是隔柱，故沒有太太的相並意義，後命則財印貼鄰齊透，有相並情況，原文寫兩不相能，字義不通，難以作解，若換作基因法正五行分析此命，其命有財官印在命，互相制衡，可惜官生印的位置相隔遙遠，如官星換了位置，想必不止於小富而為大富，因其時己印是坐巳火，得旺根歸時，生身而不怕木火來剋，木只會生土，火生己土，日主得生扶，財多亦不為所懼。

財印相並

無相並

殺		卩	印
庚	丙	甲	乙
寅	申	申	未
沖	才	才	傷

相制

相並

官		卩	財
辛	庚	己	乙
巳	寅	卯	未
殺	才	財	合

財印不相並

歸時

卩		官	財
己	庚	辛	乙
巳	寅	卯	未

有用食而兼用印者，食與印兩不相礙，或有暗官而去食護官，皆貴格也。如吳榜眼命，庚戌、戊子、戊子、丙辰，庚與丙隔兩戊而不相剋，是食與印不相礙也。如平江伯命，壬辰、乙巳、癸巳、辛酉，雖食印相剋，而欲存巳中戊官，是去食護官也，反是則減福矣。

這段想講印星與食神不相礙，又講暗官去食等話題，都是以正印為吉星定調，目的都是想它不受食神之影響，指隔位即不剋，遙隔剋力更弱，故無所礙，可看前命例，書中又有命例以暗官去食，暗護官者，大概是指天干本來有偏印奪食情況（但隔位不剋），地支雙巳藏戊土官星，便不為天干食神所制了，但這又犯駁，干支相隔，天干也不會剋下來，而且雙巳主氣佔局，戊土無引化出干，根本便起不了官星的作用，因此這段讀者可以用作反面教材。

隔位不剋

（丙庚遙隔）

不剋

卩		比	食
丙	戊	戊	庚
辰	子	子	戌

隔位

（巳藏戊土）

不剋

卩		食	劫
辛	癸	乙	壬
酉	巳	巳	辰

火

佔局

有財用傷官者，財不甚旺而比强，略露一位傷官以化之，如甲子、辛未、辛酉、壬辰，甲透未庫，逢辛為劫，壬以化劫生財，汪學士命是也，財旺無劫而透傷，反為不利，蓋傷官本非美物，財輕透劫，不得已而用之。旺而露傷，何苦用彼？徒使財遇傷而死，生官之具，安望富貴乎？

八字用傷官生財者，屬於身旺命，如其財星不強，反而比肩強，則以一位的傷官，即讓比肩生傷官而不去助日主，並能收化劫生財之功。

另又指財旺無劫財而見傷官，反而不利，這種情況見於日主身弱居

身旺透傷

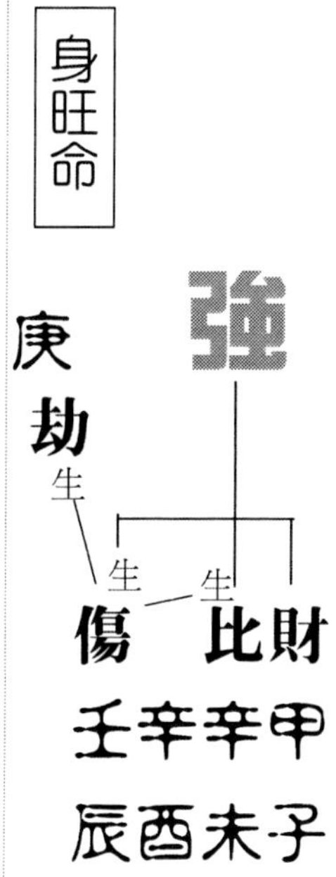

身旺命

多，因為傷官被視作凶星，因其傷正官之故，而財輕透劫，其實劫財亦非美物，不得已用來生旺日主，讓其能擔起財官，故在事相上，可能造成失去一些自主與金錢，來換取本身的一點力量，以取得成就。

至於身旺透傷，用之也無不可，其無奈處，或許是傷官身旺之人會恃才傲物，無所制約吧，富不富貴，還看命中財星，傷官孤露始終無財見官，縱然是身旺亦主孤芳自賞，是有名無利之流居多。

有財帶七煞者，或合煞存財，或制煞生財，皆貴格也，如毛狀元命，乙酉、庚辰、甲午、戊辰，合煞存財也；李御史命，庚辰、戊子、戊寅、甲寅，制煞生財也。有財用煞印者，黨煞為忌，印以化之，格成富局，若冬土逢之亦貴格。如趙侍郎命，乙丑、丁亥、乙亥、己亥，化煞而即以解凍，又不露財以雜其印，所以貴也。若財用煞印而印獨，財煞並透，非特不貴，亦不富也。

財與七殺的配合，可看一命：

合殺存財

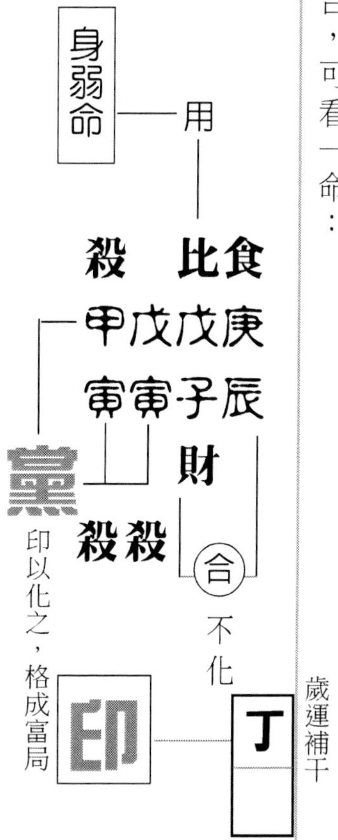

身弱命——用

食	比		殺
庚	戊	戊	甲
辰	子	寅	寅
	財	殺	殺

辰子合不化

寅寅黨

印以化之，格成富局

歲運補干：丁——印

本命七殺星高透，所謂合殺存財，殺不見合，子水財星便作子辰半合不化，連財也被合住了，天干亦不見透出，此命身弱用比無印，故火為喜神，通殺之關，尤為重要。

財生殺、殺生印、印生身，是順生有情，只要身弱便能得到輾轉扶持，殺星太多太重是為黨殺，用印化解，這是定理，成富則看財星是否得用，行比劫即能直接取財，但本例卻不見印星，只是雙寅藏根，要待歲運

補干方顯其用。

最後文中說到獨印這個詞句，很易令人誤以為是干透一個獨印，實際獨印意指無印，又或字誤，又財殺並透的話，身弱便難當財官，與富貴無緣，財官之氣必借印星轉化。

至於壬生午月，癸生巳月，單透財而亦貴，又月令有暗官也。如丙寅、癸巳、癸未、壬戌，林尚書命是也。又壬生巳月，單透財而亦貴，以其透丙藏戊，棄煞就財，美者存在憎者棄也。如丙辰、癸巳、壬戌、壬寅，王太僕命是也。至於劫刃太重，棄財就煞，如一尚書命，丙辰、丙申、丙午、壬辰，此變之又變者也。

壬水生於午月，癸水生於巳月，何以獨透財星亦貴，因月令有暗官，這個講法看看命例能否成立：

長生旺火

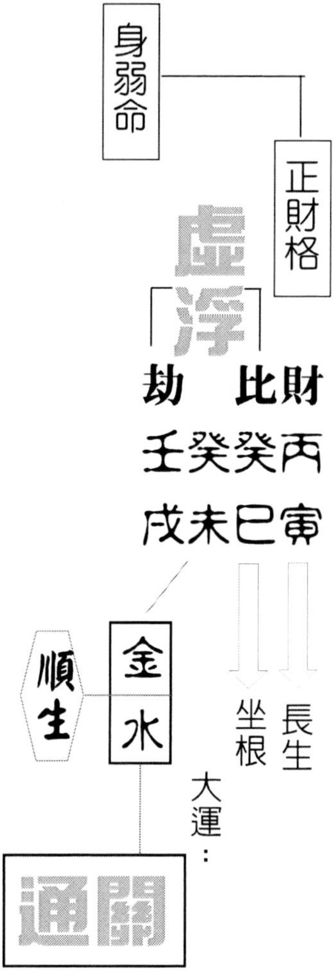

身弱命

正財格

虛浮

劫　比財
壬癸癸丙
戌未巳寅

金
水

順生

坐根

長生

大運：

通關

此命為尚書，故屬權貴之命，所指的暗官是指巳中的土，但干上財星始終受比劫所剋，支下欲救無從，不如換個解法，本命癸水生巳月，丙火正財坐根月令，又得年支寅木作長生之火，正財格成，比劫壬癸水無根，虛浮於天干，為支下土所控制，反而要行金水印比運，通關而火土金水順生，自能上運。

三十四、論財取運

財格取運，即以財格所就之局，分而配之。其財旺生官者，運喜身旺印綬，不利七煞傷官；若生官而後透印，傷官之地，不甚有害。至於生官而帶食破局，則運喜印綬，而逢煞反吉矣。

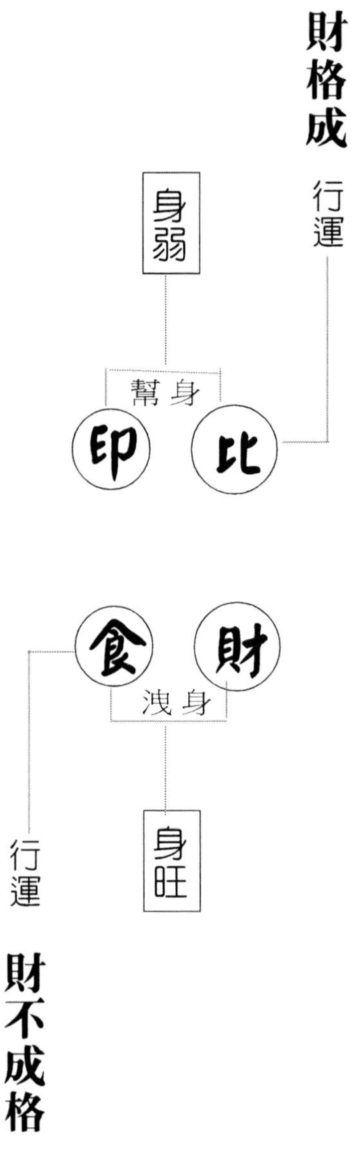

財格成

行運

身弱

幫身

印　比

食　財

洩身

身旺

行運

財不成格

八字以財為格者，身旺身弱尤為重要，身弱財格成，須用印比幫身取財，身旺財不成格者，要用食傷生財洩身，行運只要順著以上原則，便是合理，再講太多也只會令人眼花瞭亂，餘下來是財旺生官殺而得用，便是有財有位之人，至於七殺或傷官得用，古來不喜偏星，故宜制服方用，就是如此。

財用食生，財食重而身輕，則喜助身；財食輕而身重，則仍行財食。煞運不忌，官印反晦矣。財格佩印，運喜官鄉，身弱逢之，最喜印旺。財用食印，財輕則喜財食，身輕則喜比印，官運有礙，煞反不忌也。財帶傷官，財運則亨，煞運不利，運行官印，未見其美矣。財帶七煞。不論合煞制煞，運喜食傷身旺之方。財用煞印，印旺最宜，逢財必忌。傷食之方，亦任意矣。

財星成格者，自然是身弱，而財用食生即是指財星不夠力，要用食神生它，已如上述，至於說殺運不忌反而官印晦氣，忽然說官印吉星比不上七殺，其理隱晦不明，令人費解，身弱怕官剋比顧然不好，但官生印扶身又有何不妥，這個可要分清利弊。

財星欠力

食神 生 → 財星 不夠力

相信是想講身旺者帶食神星，七殺運至有食神制住，行官印運反而會晦了食神之氣，輾轉地解釋了喜忌情況，餘此類推。

三十五、論印綬

印綬代表了正印與偏印，是生我之物，故被視為母親星，也可引伸為師長，上司和扶持自己的貴人，身弱者所最喜。相反日主身旺，印星反而成了阻力，易見小人是非，若說身旺正印是小人，那偏印便是敵人了。

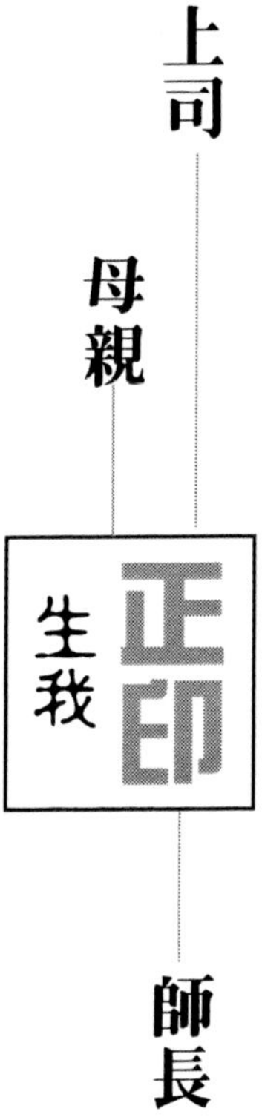

有說偏印又為梟神，傳說中一種會啄食親母的惡鳥，與其說偏印奪食，其害處是破壞了食制殺的免禍功能，另一點害處是，它阻礙了身旺日主的正常輸出，身體內部出現病變，這點不可不知。

印綬喜其生身，正偏同為美格，故財與印不分偏正，同為一格而論之。印綬之格局亦不一，有印而透官者，正官不獨取其生印，而即可以為用，與用煞者不同。故身旺印強，不愁太過，只要官星清純，如丙寅、戊戌、辛酉、戊子，張參政之命是也。

本段說印星喜其能生身，不論正印偏印，均為好格局，但偏印在本書一直視作負面偏星，恐其奪食，即剋去命中的福星食神，這是傳統的看法，新一代比較著重於身旺忌印，身弱喜印。但一般人未必懂的，就是身旺印重者不宜見官，恐其生印，所謂好心做壞事，每見勞而無成。

不宜見官

見官 → 不宜 → 印重 身旺

勞而無成

官印相生主文貴，在身弱命者而言，官印相生命，確實是較好的格局，每於教育及文化界等領域有所貢獻，至於殺印雙生主武貴，多數活躍於商場及競技等場合，聲名得顯。

然亦有帶傷食而貴者，則如朱尚書命，丙戌、戊戌、辛未、壬辰，壬為戊制，不傷官也。又如臨淮侯命，乙亥、己卯、丁酉、壬寅，己為乙制，己不礙官也。有印而用傷食者，身強印旺，恐其太過，洩身以為秀氣。如戊戌、乙卯、丙午、乙亥，李狀元命也，若印淺身輕，而用層層傷食，則寒貧之局矣。

另外還有一種頗佳的命格，就是傷官佩印，主要是身旺命者用之，若日主的旺度很強，便更須要食傷星之洩秀，這類命的人每多為藝術創作人，且有名氣居多。若身弱印淺食傷多時，則成寒貧寒孤苦之命。

有用偏官者，偏官本非美物，藉其生印，不得已而用之。故必身重印輕，或身輕印重，有所不足，始為有情。如茅狀元命，己巳、癸酉、癸未、庚申，此身輕印重也。馬參政命，壬寅、戊申、壬辰、壬寅，此身重印輕也。若身印並重而用七煞，非孤則貧矣。

有用煞而兼帶傷食者，則用煞而有制，生身而有洩，不論身旺印重，皆為貴格。

偏官即七殺星，其性惡無情，非印而不能轉化，故正印本身是日主之恩物，是個不爭的事實，雖然有時印殺會逆位而處，例如人遭賊劫，情勢

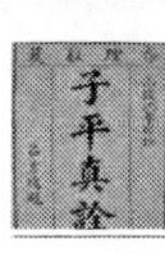

危急之時，就須要武器或暴力對抗以解災。

正印生我，又如何成忌？但兒子被母親過份地溺愛，亦非妥當。又如一個人本身已經吃得很飽，但仍給正印來生，這就如飽了再吃，萬一無法排洩的話，身體便要出病患了。

用這種六神配合生活現狀來理解，相信會比較硬生生的解釋好，也較配合現代人。而甚麼身重印弱及身輕印重，都用身旺身弱去理解吧。最後提到身印並重用七煞，非孤則貧，這論點指身旺太甚，沒有食傷財才，只見七殺者，因官殺都是生印之物，對日主並無好處，反會多招禍患。

有印多而用財者，印重身強，透財以抑太過，權而用之，只要根深，無妨財破。如辛酉、丙申、壬申、辛亥，汪侍郎命是也。若印輕財重，又無劫財以救，則為貪財破印，貧賤之局也。即或印重財輕而兼露傷食，財與食相生，輕而不輕，即可就富，亦不貴矣。然亦有帶食而貴者，何也？如庚

寅、乙酉、癸亥、丙辰，此牛監薄命，乙合庚而不生癸，所以為貴，若合財存食，又可類推矣。如己未、甲戌、辛未、癸巳，此合財存食之貴也。

雖說財能破印，但印太多時，日主身必過旺，亦可透財以抑制印星，但也只是權宜之計，也得要這財星在地支有根氣，才能發揮作用。相反日主身弱，印輕財重而無劫財護印時，叫作貪財壞印，多主因金錢損失而有損恩義。身旺命帶有食神者貴，亦喜其可生財星。

文中提到「合財存食」，亦主得貴，這裡有命例說明：

合財存食

身過旺

（甲己合土）合

癸	辛	甲	己
食		財	卩
癸	辛	甲	己
巳	未	戌	未

虛浮 食 無根

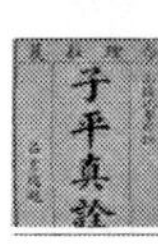

甲木透干與己成甲己合化，變成了土印，本命辛金生戌月，支下三土出干見甲己合土，可謂土根深種，又有巳火來生土，癸水虛浮無根，入假從財格無疑，故其財若不被化了，便會在天干食傷生財，入不了從格，變成命局偏枯，豈能有貴。

又有印而兼透官煞者，或合煞，或有制，皆為貴格。如辛亥、庚子、甲辰、乙亥，此合煞留官也；壬子、癸卯、丙子、己亥、此官煞有制也。至於化印為劫；棄之以就財官，如趙知府命，丙午、庚寅、丙午、癸巳，則變之又變者矣。更有印透七煞，而劫財以存煞印，亦有貴格，如庚戌、戊子、甲戌、乙亥是也。然此格畢竟難看，宜細詳之。

這段主要是想講官殺混雜時，有合一方的官或殺，都會令命局轉清，而一般會以合殺留官為先。另外的化印成劫就財官，說來頗複雜，且看看

命例可否解得通：

不合

遙隔

劫		才	殺
乙	甲	戊	庚
亥	戌	子	戌

支下卻無合

無合

其所指的化印，應該是子水，但支下卻無合，無合便不會化，天干的乙庚合卻遙隔，遙隔不合，更談不想化與不化了，故此命只合傳統舊法，未乎合正五行的條件，故難以作解。

三十六、論印綬取運

印格取運，即以印格所成之局，分而配之。其印綬用官者，官露印重，財運反吉，傷食之方，亦為最利。

若用官而帶傷食，運喜官旺印綬之鄉，傷食為害，逢煞不忌矣。

印綬而用傷食，財運反吉，傷食亦利，若行官運，反見其災，煞運則反能為福矣。

印用七煞，運喜傷食，身旺之方，亦為美地，一見財鄉，其凶立至。

六神的行運，其實和其它六神無甚分別，都是以命中的喜用神掛勾，當中亦有通關、解沖、回剋等特別情況。談印星行運，這裡仍然以印格來說起，印用官日主須要不旺，用財便要身旺，但財亦洩於官印，好處不大，反不及食傷洩秀來得好。命中身弱用官者帶食傷時，行運則喜官生

印，印生身，讀者可一理通便百理明。

傷官配印的人，行財運便要身旺，因身旺便能擔當財星，得到正印所帶來的正面力量。另外說到用官運反見其災，行殺運反吉，這個可要注意，官殺同樣生印旺身，自然不合，除非是涉及天干六合，化了做其它不喜之五行，否則便不合理了。

若用煞而兼帶傷食，運喜身旺印綬之方，傷食亦美，逢官遇財，皆不吉也。印綬遇財，運喜劫地，官印亦亨，財鄉則忌。印格而官煞競透，運喜食神傷官，印旺身旺，行之亦利。若再透官煞，行財運，立見其災矣。印用食傷，印輕者亦不利見財也。

這段講七殺透食傷成格，命主身弱，當然是喜行印旺之運，提升力量，得以生之故能受用，但若身旺，反喜食傷，行財官運便為不吉，每見身弱之人。又指印格身旺者本身官殺混雜出干，喜行運見食傷，只要本身的印夠強，身旺不弱便可以了，只是再行透官見財運時，歲運站在助起官殺相混的那一邊，即使其人有多少名利權貴都好，亦恐為世所無益，反見災害。可借一命例以供參考：

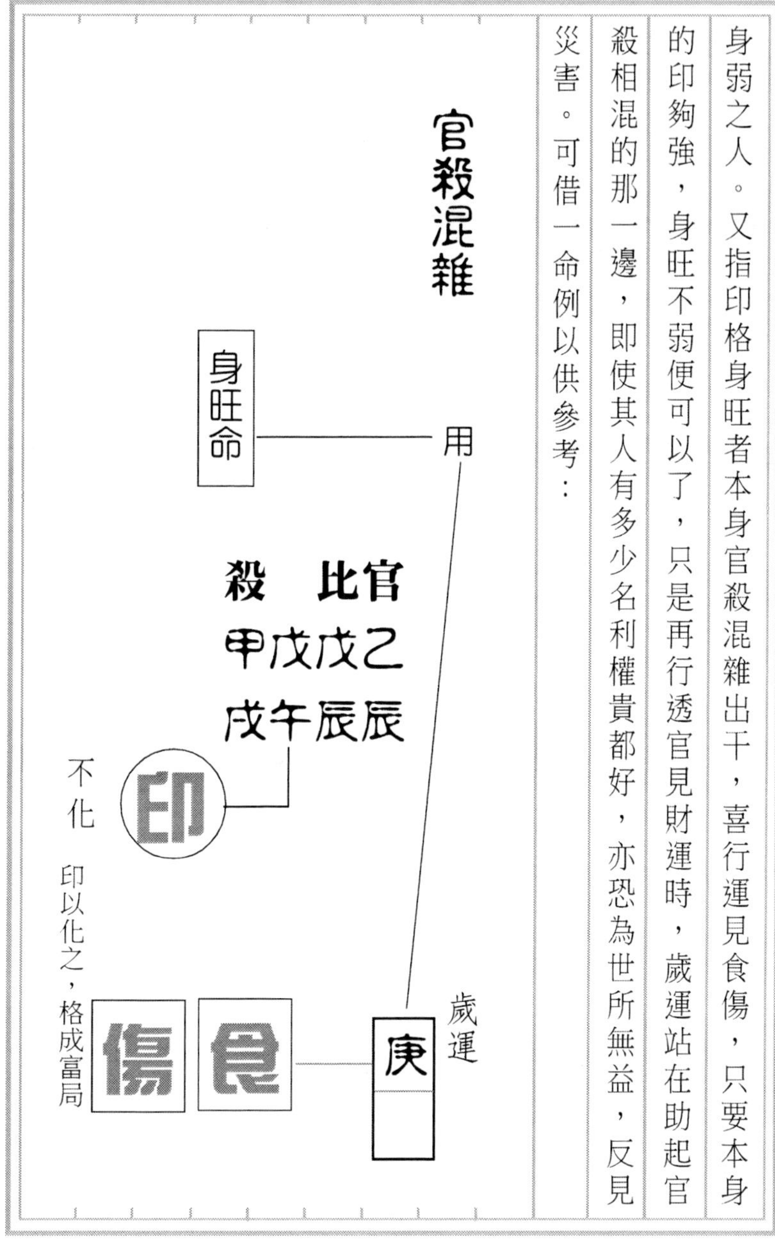

三十七、論食神

我們可以這樣理解食神和傷官星，不要視之為洩氣之物，視其為輸出之物，便會較能保持中立，因食神和傷官，同屬日主我生出，故我所生的就是食傷這兩樣東西。正如先前所說過，生我者是正偏印，可代表食物養生，每樣東西吃多了，自然是要輸出，得入不能出的話又如何？身體便出毛病，同樣道理，就算事情想得太多，話講得太多，甚至書讀得太多，每件事過份了都不好。

食神本屬洩氣，以其能生正財，所以喜之。故食神生財，美格也。財要有根，不必偏正疊出，如身强食旺而財透，大貴之格。若丁未、癸卯、癸亥、癸丑，梁丞相之命是也；己未、壬申、戊子、庚申，謝閣老之命是也。藏食露傷，主人性剛如丁亥、癸卯、癸卯、甲寅，沈路分命是也。

日主我所生的食神能生正財，被視之為吉星，食神生財格是個好格局。財先要在地支有根，正偏財也和官殺一樣，不宜偏正混雜，怕其盜洩日元之氣，總之便要身旺能任。

偏正疊出，富貴不巨，如甲午、丁卯、癸丑、丙辰，龔知縣命是也。夏木用財，火炎土燥，貴多就武。如己未、己巳、甲寅、丙寅，黃都督之命是也。若不用財而就煞印，最為威權顯赫。如辛卯、辛卯、癸酉、己未，常國公命是也。若無印綬而單露偏官，只要無財，亦為貴格，如戊戌、壬戌、丙子、戊戌，胡會元命是也。

這裡說夏木用財，生夏月火土燥烈，故而屬武貴居多，現在應該是向外跑數的職位，但本命身不旺，甲木洩於火土，通地支雙寅之根，但缺水，木有根無源，故行運得水必能生身發運，財方能配合本命，行甲乙寅

卯木運，亦可發富貴於一時，但因無水，運過境遷。

火炎木焦

食		才	才
丙	甲	己	己
寅	寅	巳	未

根

印（子 水）——歲運：子

源

若金水食神而用煞，貴而且秀，職丁亥、壬子、辛巳、丁酉，舒尚書命是也。至於食神忌印，夏火太炎而木焦，透印不礙，如丙午、癸巳、甲子、丙寅，錢參政命是也。食神忌官，金水不忌，即金水傷官可見官之謂。

這裡指金水食神用殺者，貴而且秀，其貴者不在於用殺，應在於食神或傷官這兩個吐秀之星。另外也說夏天生的火炎木焦命，卻透印不礙，即是木日夏生之命，透水解寒故不礙，不礙甚麼？不礙其奪食，奪食神。

另說金水傷官可見官，同理，但有人會問，為甚麼偏要金水傷官才不忌見官呢？相信這是受了窮通寶鑑中氣候取用法影響，並非子平旺弱法的範圍，讀者注意便是。

至若單用食神，作食神有氣，有財運則富，無財運則貧。更有印來奪食，透財以解，亦有富貴，須就其全局之勢而斷之。至於食神而官煞競出，亦可成局，但不甚貴耳。

這段說到單單透食神，或行食神運，如果沒有財星的話，亦不能富起來，每見於薄有名氣，但有名無利的藝術家，如從事財商事務，便必須要命中有財或行財運。

至於食神受到偏印剋制時，透財可以轉化，食神制殺時，遇官殺混雜，便為制殺留官之命。

更有食神合煞存財，最為貴格。至若食神透煞。本忌見財，而財先煞後，食以間之，而財不能黨煞，亦可就貴。如劉提台命，癸酉、辛酉、己卯、乙亥是也。其餘變化，不能盡述，類而推之可也。

如丙火生人，戊土剋壬水，是食神制殺而不是合殺，食神如能夠生財，財能生殺，三行順生落在七殺，如能身旺便為權貴之象。

另外食神如中間有財相隔者，便是食生財而不制殺，沒有貼鄰相剋故不為忌，餘者類推。

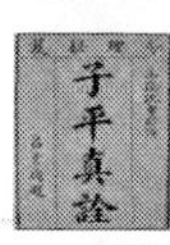

三十八、論食神取運

食神取運，即以食神所成之局，分而配之。食神生財，財重食輕，則行財食，財食重則喜幫身。官煞之方，俱為不美。食用煞印，運喜印旺，切忌財鄉。身旺，食傷亦為福運，行官行煞，亦為吉也。食傷帶煞，喜行印綬，身旺，食傷亦為美運，財則最忌。若食太重而煞輕，印運最利，逢財反吉矣。

食神行運都和前述一樣，身旺喜洩，身弱喜扶，食傷為輸出之物，自必喜身旺而用之，官殺太重，身弱再洩，成戰鬥亦不喜，故有殺印相生，官殺能生印方吉，印星至為重要。至於食殺印，只要三行順生有情，身旺者食傷亦為福運，官殺運則怕其生印，如印重身弱方合。

食神太旺而帶印，運最利財，食傷亦吉，印則最忌，官煞皆不吉也。

若食神帶印，透財以解，運喜財旺，食傷亦吉，印與官煞皆忌也。

食神洩日主太甚之命，最好得配印星，代表有貴人扶持，主有秀氣，身旺至怕是印星制食傷，主秀氣有損，如此在面貌外觀上，易有缺損，或有思想遲頓之應。

秀氣損益

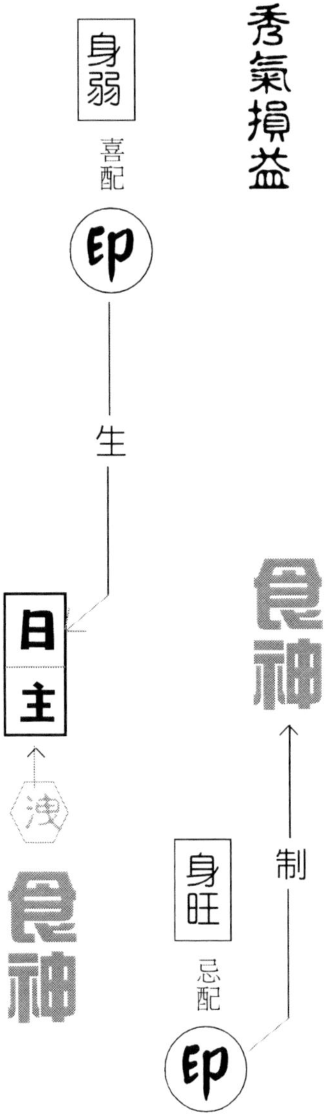

身弱

喜配

印

生

日主

洩

食神

身旺

忌配

印

制

食神

卷五

論四偏星外格

三十九、論偏官

過去三年經歷了疫情後，似乎一切都在變化中，反觀再之前的幾年，甚至更遠些．．．世界一直在發生著甚麼事？都是一個「戰」字，金融、抗爭、疫症、貨幣，以致俄烏戰爭，莫非這一切都由七殺而起？

老子說，天地不仁，以萬物為芻狗，確實要大家認真反思。又或者，七殺本身並不是我們所想那樣，它只是一種「力量」或「能量」體，根本就不可怕，可怕的只是人心。

煞以攻身，似非美物，而大貴之格，多存七煞。蓋控制得宜，煞為我用，如大英雄大豪傑，似難駕馭，而處之有方，則驚天動地之功，忽焉而就。此王侯將相所以多存七煞也。

七煞之格局亦不一：煞用食制者，上也，煞旺食強而身健，極為貴格。如

乙亥、乙酉、乙卯、丁丑，極等之貴也。

七殺攻身，日主身弱便受到剋損，身旺便會形成一種攻擊及反攻的力量，故看來似非美善之物，但這裡卻說出了一個很重要的訊息，指大貴格中，每多有七殺在命。

七殺為我所用，這是一個重要的認識，七殺是要駕馭得宜，方合其

用，比如說七殺有印化，是為殺印相生，身弱者便最喜，身旺者要財殺食傷，平衡使用。

以上都是具有權威，擁有不平凡力量者，因此書中說英雄將領，都主七殺星得用。七殺用食制，是為食神制殺格之權貴命，身愈強旺反映貴氣愈高，以下書中有一命例，可供參考：

極等之貴

身愈強旺

身強旺

貴氣愈高

食神	比	比	
丁	乙	乙	乙
丑	卯	酉	亥

殺

合

比

本命乙木日元生酉月，天干透食神和雙比肩，七殺在月令地支不透干，故不能入七殺格，反而八字的比肩有根，支下亥卯化木比肩局，身弱而得比肩助旺之力，至於極等之貴，便要身旺，能取食神吐秀者，方稱上格，無如時上丁火食神高透，頗能與本命格局相呼應。

煞用食制，不要露財透印，以財能轉食生煞，而印能去食護煞也。然而財先食後，財生煞而食以制之，或印先食後，食太旺而印制，則格成大貴。如脫脫丞相命，壬辰、甲辰、丙戌、戊戌，辰中暗煞，壬以透之，戊坐四支，食太重而透甲印，以損太過，豈非貴格？若煞強食洩而印露，則破局矣。

這段是想講隔位不剋問題，食神制殺格大貴，若財印同見時，最好是中間隔開印和食，先財後食，財生殺，得受食制，這是一種頗為轉接的拆解方式，大家須如法衡量。

有七煞用印者，印能護煞，本非所宜，而殺印有情，便為貴格。如何參政命，丙寅、戊戌、壬戌、辛丑，戊與辛同通月令，是煞印有情也。亦有煞重身輕，用食則身不能當，不若轉而就印，雖不通根月令，亦為無情而有情。格亦許貴，但不大耳。

由於七殺是無情的，其有情都只是生了仁者印星之故，到底要怎麼樣去看待此七殺？這問題似乎一直都未有停過，傳統一直是怎樣指責七殺之害處，筆者也都加入了這個行列，但試圖帶點中立，而本書原作者沈氏 也在前面提及，七殺用之得宜，亦可權宜取用，相信大家對此六神星，都已有基本概念。

殺重身輕者，不能用食神制殺，轉而取印星，是理所當然的，得月令根氣故然好，格局高些，受力深些，若只通年日時根氣，亦可以說無情而有情，說到命中大貴者，還看歲運補根添氣情況而定。

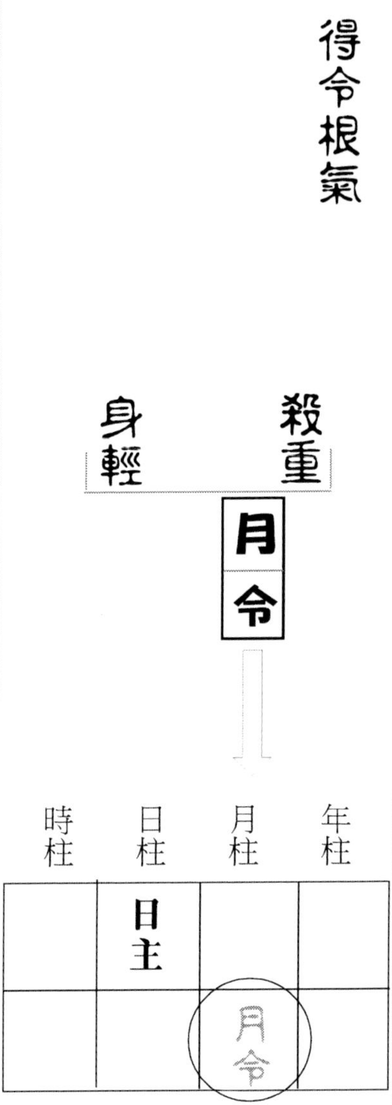

有煞而用財者，財以黨煞，本非所喜，而或食被印制，不能伏煞，而財以去印存食，便為貴格。如周丞相命，戊戌、甲子，丁未、庚戌，戊被甲制不能伏煞，時透庚財，即以清食者，生不足之煞。生煞即以制煞，兩得其用，尤為大貴。又有身重煞輕，煞又化印，用神不清，而藉財以清格，亦為貴格。如甲申、乙亥、丙戌、庚寅，劉運使命是也。更有雜氣七煞，干頭不透，財以清用，亦可取貴。

得令根氣

殺重

身輕

月令

時柱	日柱	月柱	年柱
	日主		
		月令	

這段說到財星黨殺這個情況，一個人的殺氣如此重，自是不好，即使是身旺得運，一時權傾天下，也會造成殺業，得到食神來制，方顯造化之功。又指身重殺輕，即身旺七殺輕，用印則生旺日主成忌，得財星制印生殺，又為貴格。

另提雜氣七殺，即指地支辰戌丑未多，四墓庫中有雜氣財官，而支內所藏的七殺雖未有透出天干，但干上的財星清顯，於是亦可用，因財可生

身旺得運

七殺

財星

黨

殺業

食神

貴氣愈高

清

歲運

財星

雜氣財官

辰戌丑未

官殺，當歲運官殺來時，便可引通原局所藏官殺之氣。

有煞而雜官者，或去官，或去煞，取清則貴。如岳統制命，癸卯、丁巳、庚寅、庚辰，去官留煞也。夫官為貴氣，去官何如去煞？豈知月令偏官，煞為用而官非用，各從其重。若官格雜煞而去官留煞，不能如是之清矣。如沈郎中命，丙子、甲午、辛亥、辛卯，子沖午而剋煞，是去煞留官也。有煞無食制而用印當者，如戊辰、甲寅、戊寅、戊午、趙員外命是也。至書有制煞不可太過之說，雖亦有理，然運行財印，亦能發福，不可執一也，乃若棄命從煞，則於外格詳之。

官殺混雜，先去其煞會較去官為優勝，但本命的根在月令是七殺時，那又以七殺不宜被合殺留官，反喜合官留殺，去留當看形勢而定。

四十、論偏官取運

偏官取運，即以偏官所成之局分而配之。煞用食制，煞重食輕則助食，煞輕食重則助煞，煞食均而日主根輕則助身。忌正官之混雜，畏印綬之奪食。煞用印綬，不利財鄉，傷官為美，印綬身旺，俱為福地。七煞用財，其以財而去印存食者，不利劫財，傷食皆吉，喜財怕印，透煞亦順。

七殺取運，是以身旺用財，身弱用印為主，至於用食神制殺，剋洩交加，日主要強旺為宜，身弱怕招災降禍，故而大運亦以此作為參考。

其以財而助煞不及者，財已足，則喜食印與幫身；財未足，則喜財旺而露煞。煞帶正官，不論去官留煞，去煞留官，身輕則喜助身，食輕則喜助

食。莫去取清之物，無傷制煞之神。

煞無食制而用刃當煞，煞輕刃重則喜助煞，刃輕煞重，則宜制伏，無食可奪，印運何傷？七煞既純，雜官不利。

七殺弱而無根，以財助之，財多則用食生財旺身，財不足時喜財透殺，官殺混者又如前述，都是憑形勢取決。這裡七殺無制，只好用刃，即劫財，且必須是月令中的劫財，而殺無制即殺重身輕，故用劫印為上。

七殺無制

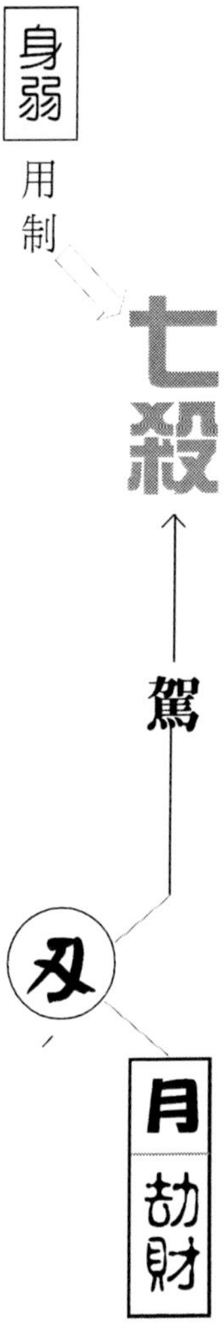

四十二、論傷官

相信最為人所熟知的一句命理言詞，便是「傷官見官，為禍百端」了，這反映出是非，甚至官非，其實這是身弱難承受傷官和正官的壓力所至，另一個怕見的，是女命傷官見官，感情及婚姻易遭不幸，原因女命以正官為夫星，給傷官傷了之故。

傷官雖非吉神，實為秀氣，故文人學士，多於傷官格內得之。而夏木見水，冬金見火，則又為秀之尤秀者也。其中格局比他格多，變化尤多，在查其氣候，量其強弱，審其喜忌，觀其純雜，微之又微，不可執也。

傷官因為會傷到正官，所以視其不吉，這也算是一種偏見，不少有秀氣的藝能界名人，都屬傷官吐秀之命，故本段也告訴大家，不可執著。

故有傷官用財者，蓋傷不利於民，所以為凶，傷官生財，則以傷官為生官之具，轉凶為吉，故最利。只要身强而有根，便為貴格，如壬午、己酉、戊午、庚申，史春芳命也。

這裡又指傷官用財生者，不利於民，相信想講身弱正官被傷了，便失去管控能力，制度受損，而傷財同洩日元，命主便擔不起財，因而招損，但身旺卻以傷官生財為喜，可轉化生官，故又轉凶成吉。

至於化傷為財，大為秀氣，如羅狀元命，甲子、乙亥、辛未、戊子，干頭之甲，通根於亥，然又會未成局，化水為木，化之生財，尤為有情，所以傷官生財，冬金不貴，以凍水不能生木。若乃化木，不待於生，安得不為殿元乎？至於財傷有情，與化傷為財者，其秀氣不相上下，如秦龍圖命，己卯、丁丑、丙寅、庚寅，己與庚同根月令是也。

這個化傷為財，是指地支的合化，如丙日主，支下辰酉合即是，其指冬水不生木，是窮通寶鑑的季度算法，但還是以子平旺弱法為先較穩妥。

有傷官佩印者，印能制傷，所以為貴，反要傷官旺，身稍弱，始為秀氣。如李羅平章命，壬申、丙午、甲午、壬申、傷官旺，印根深，身又弱，又是夏木逢潤，其秀百倍，所以一品之貴。然印旺極深，不必多見，偏正疊出，反為不秀，故傷輕身重而印綬多見，貧窮之格也。

傷官配印格之所以貴，是因為制傷官，存正官，官生印者，故喜命稍弱得扶。這裡一命例，是一品之貴，且來研究一下其貴在何處。

此命傷官旺，印根深，說得一點沒錯，傷官丙坐雙午，干透二壬，自坐申金壬水之長生，八字柱柱通根，甲木生於午月透火身弱，得到偏印競透，受長生水之生助甲木日主，故而一品大貴命無疑。

柱柱通根

傷官
制
印　傷　印
壬　丙　甲　壬
申　午　午　申
官　　　　　官
制
長生　長生
傷官

有傷官兼用財印者，財印相剋，本不並用，只要干頭兩清而不相礙；又必生財者，財太旺而帶印，佩印者印太重而帶財，調停中和，遂為貴格。如丁酉、己酉、戊子、壬子，財太重而帶印，而丁與壬隔以戊己，兩不相阻礙，且金水多而覺寒，得火融和，都統制命也。又如壬戌、己酉、戊午、丁巳，印太重而帶財亦隔戊己，而丁與壬不相礙，一丞相命也。反是則財印不並用而不秀矣。

傷官配印，本來是要令傷官受制而不能影響正官，但也要先看看日主的旺弱情況，如果我們不把正官看得太重，把管制和規則放下，全力發揮創意新思維，自由開放的力量，可視作傷官得用，那麼便不會處處受著傳統觀念所牽制。

有傷官用煞印者，傷多身弱，賴煞生印以幫身而制傷，如己未、丙子、庚子、丙子，蔡貴妃也。煞因傷而有制，兩得其宜，只要無財，便為貴格，如壬寅、丁未、丙寅，夏閣老命是也。有傷官用官者，他格不用，金水獨宜，然要財印為輔，不可傷官並透。如戊申、甲子、庚午、丁丑，藏癸露丁，戊甲為輔，官又得祿，所以為丞相之格。若孤官無輔，或官傷並透，則發福不大矣。

傷官成格再見七殺，每多身弱，要見正印扶身，順便控制傷官，但扶身重要些還是幫身重要些，這還看全局而定，所謂法無定法，而傷官星是一粒用作舒出秀氣之星，只要記著這個功能，其它便好處理了。看書中命例：

傷官成格

傷官格

殺		殺	卩
丙	庚	丙	己
子	子	子	未
傷	傷	傷	

印

三連氣

偏

女命

本命支下子水傷官三連氣，同氣連支，得三連氣者即使主氣不透干，亦能成格，故本命是傷官格，干上見一雙七殺高透，可謂剋洩交加，庚金日主身弱可知，尤幸年柱己土印星天透地藏，成殺印相生，故而顯貴，但女命三子傷官連氣加七殺偏印，全局偏星，為女命所忌，這點不可不提。

若冬金用官，而又化傷為財，則尤為極秀極貴。如丙申、己亥、辛未、己亥，鄭丞相命是也。

然亦有非金水而見官，何也？化傷為財，傷非其傷，作財旺生官而不作傷官見官，如甲子、壬申、己亥、辛未，章丞相命也。至於傷官而官煞並透，只要干頭取清，金水得之亦清，不然則空結構而已。

1

這裡又以氣候配合格局來判定命之高底，可且看書中命例，此為一丞相命，辛金生亥月冬天，傷官支下得申金所生，身弱用偏印，干上透雙印，且官印相生，故秀而極貴。

用印

身弱

卩		卩	官
己	辛	己	丙
亥	未	亥	申
傷		傷	

四十二、論傷官取運

傷官取運，即以傷官所成之局，分而配之。傷官用財，財旺身輕，則利印比；身強財淺，則喜財運，傷官亦宜。

傷官佩印，運行官煞為宜，印運亦吉，傷食不礙，財地則凶。傷官而兼用財印，其財多而帶印者，運喜助印，印多而帶財者，運喜助財。

傷官取運，亦跟前面的正五行方法一樣，無甚差別，最好是日元健旺，能承受得起洩出之力，便是無大礙，至於傷官見官之說，是針對身弱者而言，傷官見殺，雖然它不剋食神，但也會制傷，傷官如為命中唯一用神，受制亦無益處，故而要向大局看。

傷官而用煞印，印運最利，傷食亦亨，雜官非吉，逢財即危。傷官帶煞，

喜印忌財，然傷重煞輕，運喜印而財亦吉。惟七殺根重，則運喜傷食印綬，身旺亦吉，而逢財為凶矣。

傷官用官，運喜財印，不利食傷，若局中官露而財印兩旺，則比劫傷官，未始非吉矣。

這裡說的傷官用殺印，是定位於傷官成格而言，日主身弱向運裡求，其視傷官要配正印，只是著眼點在於格局之利而已。至於傷官用官，原來傷官也可以用正官的，只要有印便可，說到底還是傷官配印。

傷官用官

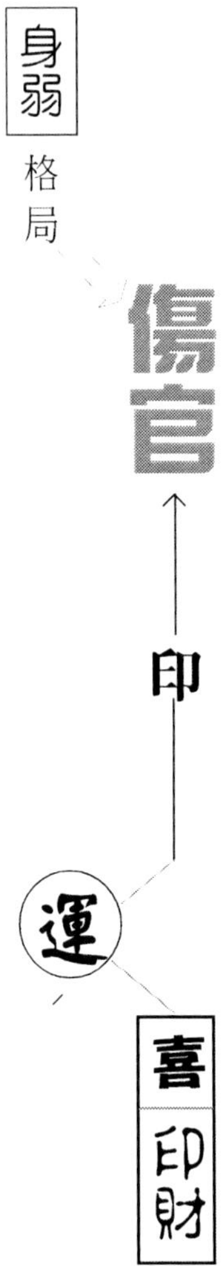

身弱 格局

傷官 ← 印

運

喜 印財

四十三、論陽刃

陽刃格即指陽干月令下之劫財，如丙生午月，壬生子月等，這種命被列為外格，因其強旺度已到了極點，必須制衡方可論吉，但如何制法？傳統就以七殺反制。

	丙		
		午	

陽刃 月令劫財

	壬		
		子	

陽刃 月令劫財

陽刃者，劫我正財之神，乃正財之七煞也。祿前一位，惟五陽有之，故為陽刃。不曰劫而曰刃，劫之甚也。刃宜伏制，官煞皆宜，財印相隨，尤為

貴顯。夫正官而財印相隨美矣，七煞得之，夫乃甚乎？豈知他格以煞能傷身，故喜制伏，忌財印；陽刃用之，則賴以制刃，不怕傷身，故反喜財印，忌制伏也。

這個陽刃其害處，是專劫我正財，令我貧困，故視其為日主正財之剋星，祿前一位為劫財，但就以刃名之，恐怕是提醒大家，小心提防這個劫財之刃。

命有殺要制伏，但命中有刃，亦須制伏，而且以七殺來制方有力，這名為「陽刃駕殺格」，相傳是個能操生殺大權之貴格命。

陽刃用官，透刃不慮；陽刃露煞，透刃無成。蓋官能制刃，透而不為害；刃能合煞，則有何功？如丙生午月，透壬制刃，而又露丁，丁與壬合，則七煞有貪合忘剋之意，如何制刃？故無功也。然同是官煞制刃，而格亦有

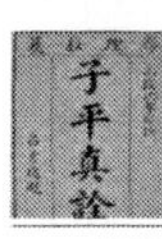

高低，如官煞露而根深，其貴也大；官煞藏而不露，或露而根淺，其貴也小。若己酉、丙子、壬寅、丙午，官透有力，旺財生之，丞相命也。又辛酉、甲午、丙申、壬辰，透煞根淺，財印助之，亦丞相命也。然亦有官煞制刃帶傷食而貴者，何也？或是印護，或是煞太重而裁損之，官煞輕而取清之，如穆同知命，甲午、癸酉、庚寅、戊寅，癸水傷寅午之官，而戊以合之，所謂印護也，如賈平章命，甲寅、庚午、戊申、甲寅，煞兩透而根太重，食以制之，所謂裁損也。

陽刃在命，如用官星，可以透官卻不能透刃，這到底是何原因？其實是基於月令地支主氣，上出天干而與七殺合，故要殺露，官則不會與劫財相合，這實在是個很轉折隱晦的情況。

例如丙日主生於午月，是為陽刃格，天干透壬殺，是陽刃駕殺格，這個午火中的主氣丁，能透出與天干的壬殺相合，但這個月令之氣雖強，真

要透出，亦須干有丙丁火在干才算透，如此丁火便與壬水合化成木，被指貪合忘剋，制不到刃故無功效。其指露要根深，其貴便大，淺則貴小，這都不是太周全的解釋。

所以這個格局，七殺與劫財星配合得好，其人身旺身弱也適當，行運得到正確的控制，便能發大運，權貴加身，操生殺之大權。

權貴加身

陽刃駕殺格

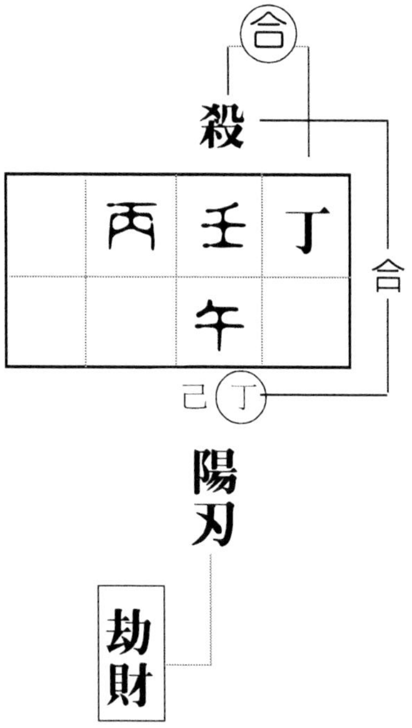

	丙	壬	丁
		午	

殺（丁）、合（丙壬）、合（丁壬）、午藏己丁

陽刃

劫財

如丙戌、丁酉、庚申、壬午，官煞競出，而壬合丁官，煞純而不雜。況陽刃之格，利於留煞，所謂取清也。其於丙生午月，內藏己土，可以剋水，尤宜帶財佩印，若戊生午月，干透丙火，支會火局，則化刃為印，或官或煞，透則去刃存印，其格愈清。倘或財煞並透露，則犯去印存煞之忌，不作生煞制煞之例，富貴兩空矣。更若陽刃用財，格所不喜，然財根深而用傷食，以轉刃生財，雖不比建祿月劫，可以取貴，亦可就富。不然，則刃與財相搏，不成局矣。

如丙生午月，內藏己土餘氣，其要剋水亦須出得天干，如財印並透身弱便好，若戊土則午藏己土，其制水同樣要透干，財印則吉，另外，戊生午月，透丙或丁火，支下成火印局者，有機會化刃為印，如身弱見印自是不忌。

陽刃格要留殺取其清，其實七殺與劫財，兩者都是偏星異物，就如賊

和兵兩者戰鬥起來，很難避免會造成平民的損害，關鍵是敵我兩方之分明，只有視乎身旺用殺，身弱用劫，才能保持平衡和合理的狀況。

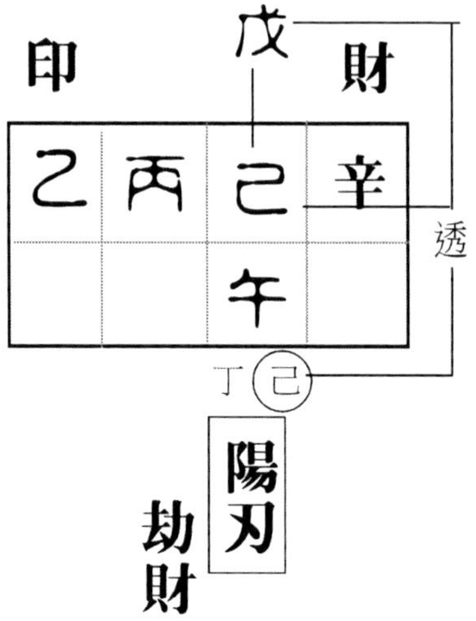

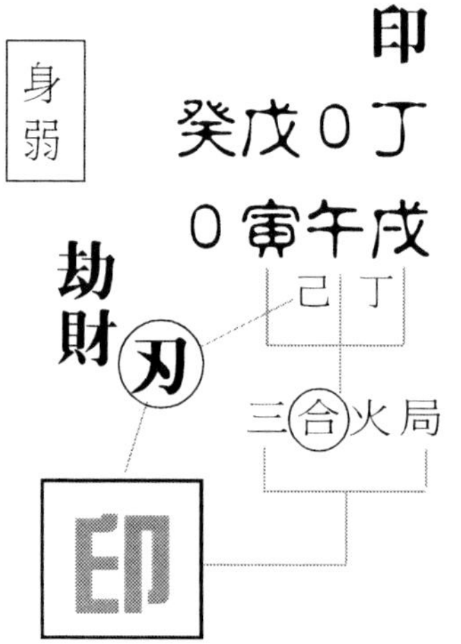

乙	丙	己	辛
		午	

印　戊　財　透　丁　己　陽刃　劫財

身弱

癸	戊	0	丁
0	寅	午	戌

印　己　丁　劫財　刃　三合火局　印

說到財殺並用會犯了去印之忌，這說法本身便是個矛盾，身旺了自然不喜印，財去之又有何忌？總之命中財殺傷重，又帶有劫財陽刃格，便能轉刃生財，即使不是月令得刃，在其它地支陽刃根深，亦有相等功效。

四十四、論陽刃取運

陽刃用官，則運喜助官，然命中官星根深，則印綬比劫之方，反為美運，但不喜傷食合官耳。

陽刃用煞，煞不甚旺，則運喜助煞；煞若太重，則運喜身旺印綬，傷食亦不為忌。陽刃而官煞並出，不論去官去煞，運喜制伏，身旺亦利，財地官鄉反為不吉也。

這裡指陽刃用官，運喜助官，行印比運生助命主本身，要小心確認，因為陽刃格者九成屬於身旺命，只有全局都是異黨，夾攻一個月令或一個月令加自黨，命主才會轉強為弱，這情況甚少發生，因此若說行運用印比，便要考慮清楚，除非是日主轉強為弱，才要印比合力扶持，陽刃用殺一樣道理，極須要看其身旺身弱，以作取決。

四十五、論建祿月劫

建祿者，月建逢祿堂也，祿即是劫。或以祿堂透出即可依以用者，非也。故建祿與月劫，可同一格，不必另分，皆以透干會支，別取財官煞食為用。祿格用官，干頭透出為奇，又要財印相隨，不可孤官無輔。

建祿與陽刃一樣，都是月柱地支主氣生成，並取以為格，所不同處，是刃的旺已至極，失了平衡，以致由盛轉衰，祿旺不同處，是剛開始旺，仍有不少進取空間，因此傳統命書都以命主得祿為貴。以上觀點清楚說明二格之分別之處，與原文視兩者同屬一格，是有出入的。

有用官而印護者，如庚戌、戊子、癸酉、癸亥，金丞相命是也。有用官而財助者，如丁酉、丙午、丁巳、壬寅，李知府命是也。

有官而兼帶財印者，所謂身强值三奇，尤為貴氣。三奇者，財官印也，只要以官隔之，使財印兩不相傷，其格便大，如庚午、戊子、癸卯、丁巳，王少師命是也。

身弱喜印有官生，身旺財官為用，更有三奇入命者，正財、正官、正印齊透，是為「天上三奇」，因財生官、官生印、印生身，是主功名利祿與仁德並存之命，男命故然好，女命亦能得配祿旺之正官，更主有夫星生印的愛護，是個天生好命的女人。

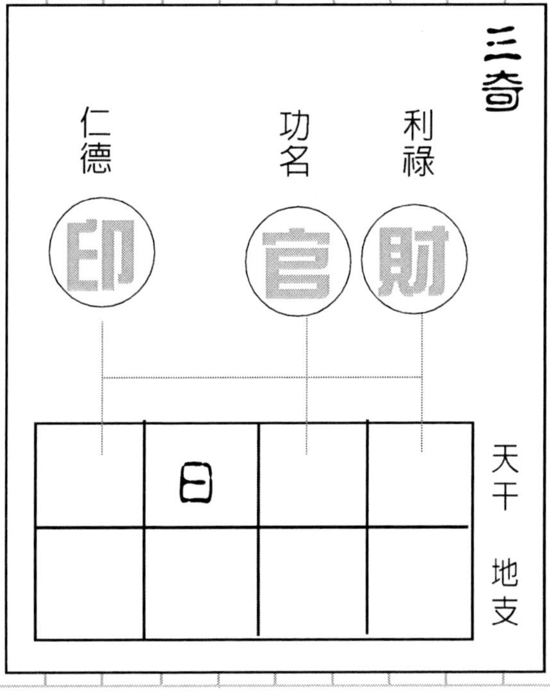

三奇

	仁德		功名	利祿
	印		官	財
天干		日		
地支				

祿劫用財，須帶食傷，蓋月令為劫而以財作用，二者相剋，必以傷食化之，始可轉劫生財，如甲子、丙子、癸丑、壬辰，張都統命是也。

至於化劫為財，與化劫為生，尤為秀氣。如己未、己巳、丁未、辛丑，丑與巳會，即以劫財之火為金局之財，安得不為大貴？所謂化劫為財也。如高尚書命，庚子、甲申、庚子、甲申，即以劫財之金，化為生財之水，所謂化劫為生也。

祿劫之格者，因旺氣在月令而身旺，故取食傷較優，這裡說到重點，文中的「化劫為財」這情況，是想指命中怕劫財強旺，影響了財星，而剛巧命中地支合去劫財，化成財星，但這兩個例子的天干都沒有透出化神，如能化，亦可順生有情，水生木能獲轉化之生機。

祿劫用煞，必須制伏之，如婁參政命，丁巳、壬子、癸卯、己未，壬合丁財以去其黨煞，卯未會局以制伏是也。至用煞而又帶財，本為不美，然能去煞存財，又成貴格。戊辰、癸亥、壬午、丙午，合煞存財，袁內閣命是也。其祿劫之格，無財官而用傷食，洩其太過，亦為秀氣。唯春木秋金，用之則貴，蓋木逢火則明，金生水則靈。如張狀元命，甲子、丙寅、甲子、丙寅，木火通明也；又癸卯、庚申、庚子、庚辰，金水相涵也。

如果祿和劫在命，要用七殺來制服者，忌見財來黨殺，故命得食傷之局，便能轉生而得化解。另外又說，祿劫格者，命無財官，要用到傷食來吐秀時，因身弱而洩氣，即使如此，仍不減此命者之氣流通。至於命中木火通明，金水相生，都涉及到氣候之五行氣化，可作參考，旺弱為先。

更有祿劫而官煞競出，必取清方為貴格。如一平章命，辛丑、庚寅、甲辰、乙亥、合煞留官也；如辛亥、庚寅、甲申、丙寅，制煞留官也。

倘或兩官競出，亦須制伏，所謂爭正官不可無傷也。

若夫用官而孤官無輔，格局更小，難於取貴，若透傷食，便為破格。然亦有官傷並透而貴者，何也？如己酉、乙亥、壬戌、庚子，庚合乙而去傷存官，王總兵命也。用官煞重而無制伏，運行制伏，亦可發財，但不可官煞太重，致令身危也。

這裡有身旺祿劫命者，官殺透天干，如能合一留一便為清，另指命透雙官時，亦要制服方顯得清，總之官要清這一個理念，在古法論命而言，是寧取清而不取濁的，我們現代會進一步想到一個重字，官殺不竟是剋身之物，不宜過重，命之制之或化之，都是件好事，日主身弱故然是吉，即使身略旺者，亦都適宜。最後提到命中無制的官殺，當遇到了食傷運時，得到適當的制約，亦能發財，這當然要命中有財或根方準，至是身弱不堪扶時，不理日主遇到的是官殺食傷或財才，都會引至危險。

四十六、論建祿月劫格取運

祿劫取運，即以祿劫所成之局，分而配之。祿劫用官，印護者喜財，怕官星之逢合，畏七煞這相乘。傷食不能為害，劫比未即為凶。財生喜印，宜官星之植根，畏傷食之相侮，逢財愈見其功，雜煞豈能無礙？祿劫用財而帶傷食，財食重則喜印綬，而不忌比肩；財食輕則宜助財，而不喜印比。逢煞無傷，遇官非福。祿劫用煞食制，食重煞輕，則運宜助煞；食輕煞重，則運喜助食。若用煞而帶財，命中合煞存財，則傷食為宜，財運不忌，透官無慮，身旺亦亨。若命中合財存煞，而用食制，煞輕則助煞，食輕則助食則已。

筆者可以一提，祿旺之身者，為何優於劫財之身呢？主要是劫財會直接劫日主我之正財，而祿旺就是剋我之比肩，大家要知，比肩就如一種分

財之物，而劫財卻是奪財之物，怎去理解，日常消費大家一定都會有，例如屋租、水電費，飲食等等可預期的生活支出，而劫財則是失去財物，投資失利等帶有不可預期的損失，因而要用食傷來轉化，使劫不剋財。

劫財 比肩 奪 分 日主 正財

祿劫而用傷食，財運最宜，煞亦不忌，行印非吉，透官不美。若命中傷食太重，則財運固利，而印亦不忌矣。祿劫而官煞並出，不論合煞留官，存官制煞，運喜傷食，比肩亦宜，印綬未為良圖，財官亦非福運。

建祿與劫財格者，以月令得劫財根旺時，在上面都已提及，這裡也不須要重複，變成複雜化，總之運行喜用就是。

四十七、論雜格

雜格者，月令無用，以外格而用之，其格甚多，故謂之雜。大約要干頭無官無煞，方成格，如有官煞，則自有官煞為用，列外格矣。若透財尚可取格，然財根深，或財透兩位，則亦以財為重，不取外格也。八字試以諸格論之，有取五行一方秀氣者，取甲乙全亥卯未、寅卯辰，又生春月之類，本是一派劫財，以五行各得其全體，所以成格，喜印露而體純。如癸亥、乙卯、乙未、壬午，吳相公命是也。運亦喜印綬比劫之鄉，財食亦吉，官煞則忌矣。有從化取格者，要化出之物，得時乘令，四支局全。如丁壬化木，地支全亥卯未、寅卯辰，而又生於春月，方為大貴。否則，亥未之月亦是木地，次等之貴，如甲戌、丁卯、壬寅、甲辰，一品貴格命也。運喜所化之物，與所化之印綬，財傷亦可，不利官煞。

終於來到了本書的終章，其實也是近乎外格，雜格者，是指不能以月令為格者，權取月支主氣以外，即八字以外的七字，整合其五行形勢，以取格局，不過命透官殺便要看成外格，但無論是甚麼格，大體上都以取得喜用神作唯一目的，所以近賢朱鵲橋老師說得好，八字雜格多如牛毛，任你怎分都跳不出身旺用剋洩，身弱用幫扶這個定律。

易氏一派，便制定了八格五變局的基礎，令讀者不再迷陷於格局之五里霧中。

有倒沖成格者，以四柱無財官而對面以沖之，要支中字多，方沖得動。譬如以弱主邀強賓，主不衆則賓不從。

如戊午、戊午、戊午、戊午，是沖子財也；甲寅、庚午、丙午、甲午，是沖子官也。運忌填實，餘俱可行。

倒沖之說，指命主的四柱中，有財官對沖，如戊日生人，支下午火多，便沖出一個子水來，這是一種古之秘法，亦為高級命理「玉井奧訣」其中的虛沖法，可以無中生有，這在現代推命實難以成立，而這裡亦是點到即止地一提此法，故略一提，亦可讀本人註釋「玉井奧訣」一書，探究命學更高深之學理。

本段原著用了一個不簡單的人物作命例，就是相傳三國中的英雄人物關羽之命，筆者在八字基因一書裡，有論「戰格」關羽命例一文，讀者可以參考。本段所講的主要是倒沖，故而只作這方面的講解。

若以身旺弱計算，此命支下四個午火生戊土，日元旺已至極，入真專旺格命，若如書中所說，四個午火沖出一個子水偏財來，這個偏財是何作用？

這裡以基因法計算，專旺格以偏財為忌，故子水只會引來子午相沖，為名利而動蕩不安，故而不取，歲運亦忌，因此本命到了甲子年，即構成四組天剋地沖，災禍立至，一代名將關羽至此運，亦要戰死沙場。

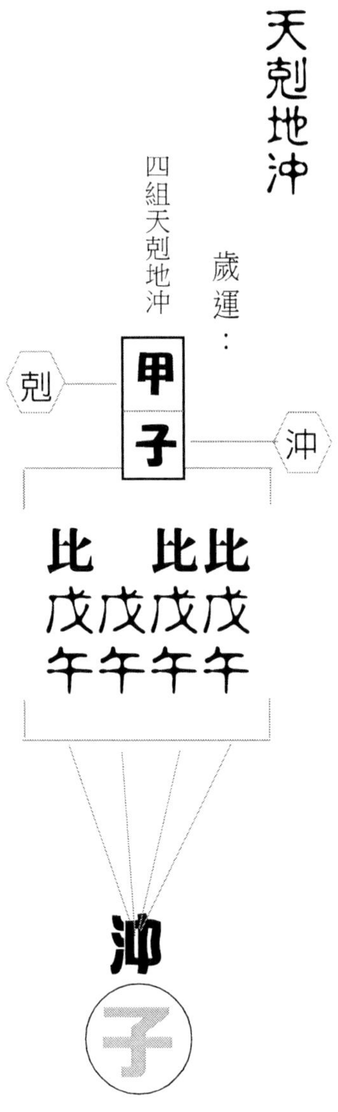

天剋地沖

四組天剋地沖

歲運：

比		比	比
戊	戊	戊	戊
午	午	午	午

甲子（剋、沖）

沖 子

有朝陽成格者，戊去朝丙，辛日得官，以丙戊同祿於巳，即以引汲之意。要干頭無木火，方成其格，蓋有火則無待於朝，有木財觸戊之怒，而不為我朝。如戊辰、辛酉、辛酉、戊子，張知縣命是也。運喜土金水，木運平平，火則忌矣。有合祿成格者，命無官星，借干支以合之。戊日庚申，以庚合乙，因其主而得其偶。如己未、戊辰、戊辰、庚申，蜀王命是也。癸日庚申，以申合巳，因其主而得其朋，如己酉、辛未、癸未、庚申，丞相命是也。運亦忌填實，不利官煞，不宜以火剋金，使彼受制而不能合，餘則吉矣。

從古至今，格局種種，由來自古，累積下來實屬不少，而基因法之八格五變局，都已包括在內，所謂萬變不離其中，總之取個名目不難，弄通格局取用就不易，這點讀者須知。

有棄命從財者，四柱皆財而身無氣，舍而從之，格成大貴。若透印則身賴印生而不從，有官煞則亦無從財兼從煞之理，其格不成。如庚申、乙酉、丙申、己丑，王十萬命造也。運喜傷食財鄉，不宜身旺。有棄命從煞者，四柱皆煞，而日主無根，舍而從之，格成大貴。若有傷食，則煞受制而不從，有印則印以化煞而不從。如乙酉、乙酉、乙酉、甲申，李侍郎命是也。運喜財官，不宜身旺，食傷則尤忌矣。

有井攔成格者，庚金生三、七月，方用此格。以申子辰沖寅午戌，財官印綬，合而沖之，若透丙丁，有巳午，以現有財官，而無待於沖，乃非井攔之格矣。如戊子、庚申、庚申、庚辰，郭統制命也。運喜財，不利填實，餘亦吉也。有刑合成格者，癸日甲寅時，寅刑巳而得財官，格與合祿相似，但合祿則喜以合之，而刑合則硬以致之也。命有庚申，則木被沖剋而不能刑；有戊己字，則現透官煞而無待於刑，非此格矣。如乙未、癸卯、癸卯、甲寅，十二節度使命是也。運忌填實，不利金鄉，餘則吉矣。

從格
- （從殺格）官殺佔全局
- （從財格）財才佔全局
- （從兒格）食傷佔全局
- （從勢格）官殺食傷財才佔全局

這裡講的是從格命，身弱不堪扶者，如八字干支盡是剋洩，屬真從格，只剩一個印或比來生助時，為假從格，在干則屬虛浮無根，在地則為藏而不露。

從格有分從財，從官殺及從食傷（即從兒格），相反身太旺便成「專旺格」，這在本門基因法的八格五變局裡頭都已包含在內，會有較完整的專從入格規定。

有遙合成格者，巳與丑會，本同一局，丑多則會巳而辛丑得官，亦合祿之意也。如辛丑、辛丑、辛丑、庚寅，章統制命是也。若命是有子字，則丑與子合而不遙，有丙丁戊己，則辛癸之官煞已

透，而無待於遙，另有取用，非此格矣。至於甲子遙巳，轉輾求合，似覺無情，此格可廢，因羅御史命，聊復存之。為甲申、甲戌、甲子、甲子，羅御史命是也。

若夫拱祿、拱貴、趨乾、歸祿、夾戌、鼠貴、騎龍、日貴、日德、富祿、魁罡、食神時墓、兩干不雜、干支一氣、五行具足之類，一切無理之格，概置勿取。即古人格內，亦有成式，總之意為牽就，硬塡人格，百無一是，徒誤後學而已。

乃若天地雙飛，雖富貴亦有自有格，不全賴此。而亦能增重其格，即用神不甚有用，偶有依以為用，亦成美格。然而有用神不吉，即以為凶，不可執也。八字，命理，算命，八卦，

其於傷官傷盡，謂是傷盡，不宜見官，必盡力以傷之，使之無地容身，現行傷運，便能富貴，不知官有何罪，而惡之如此？況見官而傷，則以官非美物，而傷以制之，又何傷官之謂凶神，而見官之為禍百端乎？予用是術以歷試，但有貧賤，並無富貴，未輕

信也，近亦見有大貴者，不知何故。然要之極賤者多，不得不觀其人物以衡之。

遙合與拱合者，實際上在玉井奧訣中，說得最為詳盡，這裡說到的，是巳酉丑三合而不是三會，會是申酉戌三會方局，而三合金局缺主氣酉金，基本上是不能成立的，大家最好參考玉井中的捧合聯珠法，但亦是命法中的秘而難懂的法門。

三合局

巳酉丑
亥卯未
寅午戌
申子辰

三會方局

申酉戌
亥子丑
寅卯辰
巳午未

（圖三）

前賢學者徐樂吾先生，在他的子平真詮註釋中，也說出了他對雜格太多的看法，覺得不科學，即使是本書原著者沈孝瞻，對這些雜格，亦不表認同，讀者也要與時並進，從善如流，至於筆者對這些雜格，都是抱著中立態度的，這些都是前人過去的統計學，現今這情況實際上都未有太大改變，大家之前還用著大數據去統計人命，今天便已用上了AI人工智能了，難道這不是同一條道路上的產物嗎？

在這裡，筆者反而覺得要反樸歸真，當每一個人都不用人腦，用人工腦去寫作，計算和創造一切時，也需要反過來問問自身，這是否也是一種五行的不平衡，就如日主不求用神，只求神煞的情況，這實在值得大家反思。

四十八、附論雜格取運

雜格不一，大都氣勢偏旺，出於五行常理之外。昔人評命，泥於財官之說，四柱無財可取，則不惜遙合倒沖，牽強附會，以期合於財官，未免可嗤。命理不外乎五行，氣勢雖為偏旺，而偏旺之中，仍有正理可取。

這裡總結了一句話「昔人評命，泥於財官之說」，是全書的重點說明，講得最為清晰，也不用怎樣去解釋，命理不外乎五行，「偏旺之中，仍有正理」，是為本書的終極結語，聰明的讀者自可心領神會。

心田書目　書名系列書號定價

書名	系列	書號	定價
神相柳莊全書	中國命相學大系(24)	9789887715184	$130.00
掌相配對 - 速查天書	知命識相系列(2)	9789887715146	$100.00
五行增值 - 子平氣象	知命識相系列(9)	9789887715139	$120.00
子平真詮 - 圖文辨識	中國命相學大系：(23)	9789887715122	$120.00
子平百味人生	知命識相系列(8)	9789887715115	$90.00
三命通會 - 女命書	命理操作三部曲系列(22)	9789887715108	$100.00
窮通寶鑑 命例拆局	命理操作三部曲系列(21)	9789887715078	$130.00
太清神鑑 綜合篇	命理操作三部曲系列(20)	9789887715061	$120.00
太清神鑑 五行形相篇	命理操作三部曲系列(19)	9789887715030	$120.00
課堂講記	命理操作三部曲系列(5)	9789887715009	$120.00
易氏格局精華	命理操作三部曲系列(4)	9789881753755	$160.00
五行增值	命理操作三部曲系列(3)	9789881753755	$100.00
六神通識	命理操作三部曲系列(2)	9789889952679	$90.00
八字基因升級版	命理操作三部曲系列(1)	9789881687807	$130.00
神相金較剪(珍藏版)	中國命相學大系(1)	988987783X	$160.00
人倫大統賦	中國命相學大系(4)	9789889952600	$70.00
八字古詩真訣	中國命相學大系(5)	9789889952648	$100.00
神相鐵關刀全書全書	中國命相學大系(13)	9789887715054	$160.00
滴天髓古今釋法	中國命相學大系(8)	9789881753762	$100.00
玉井奧訣古今釋法	中國命相學大系(9)	9789881877017	$100.00
世紀風雲命式	中國命相學大系(13)	9789881687715	$100.00
滴天髓命例解密 全書	中國命相學大系(18)	9789887715092	$160.00
神相麻衣全書	中國命相學大系(12)	9789887715016	$160.00
命理約言	中國命相學大系(14)	9789881687772	$100.00
心相篇	中國命相學大系(15)	9789881687845	$100.00
神相冰鑑	中國命相學大系(16)	9789881687890	$100.00
神相照膽經全書	中國命相學大系(17)	9789881687746	$160.00
掌相奇趣錄	知命識相系列(7)	9889877864	$60.00
命相百達通	知命識相系列(6)	9889877856	$58.00
面相玄機	知命識相系列(4)	9789881753731	$65.00
面相理財攻略	知命識相系列(5)	9789889952693	$78.00
陰間選美	末世驚嚇(1)	9889877872	$46.00
聆聽童聲	童心系列(1)	9889877880	$46.00
五官大發現(漫畫)	玄學通識系列(1)	9889877821	$38.00
拆字天機全書	玄學通識系列(4)	9789881877000	$130.00
字玄其說	玄學通識系列(3)	9889877899	$68.00
玄空六法現代陽宅檢定全書	玄空釋法系列(1)	9789887715085	$160.00
風水安樂蝸	玄空釋法系列(2)	9789881687869	$88.00
八字財經	玄空通識系列(6)	9789881687838	$100.00
玄易師(相神篇)	心相禪系列(3)	978988901877055	$68.00

子平辯證　玄學通識系列(4)　9789881753779　$90.00
八字拆局　玄學通識系列(5)　9789881877062　$90.00
真武者之詩1　武狂戰記　超動漫影象小說　(1) 9789881753793　$66.00
真武者之詩2　戰東北　超動漫影象小說　(2) 9789881877013　$68.00
真武者之戰3地界七層塔　超動漫影象小說　(3) 9789881753793　$68.00
真武者之神　神龍記　超動漫影象小說　(4) 9789881687739　$68.00
三國日誌　NO.1　人工智能漫畫系列　01　9789889952624　$48.00
三國日誌　NO.2　人工智能漫畫系列　02　9789889952631　$48.00
海嘯風暴啓示錄　NO.1　人工智能漫畫系列　03　9789881753748　$48.00
西遊解心經　人工智能漫畫系列　04　9789881687852　$68.00
鬼怪事典1　超動漫影象小說　(5) 978988168771　$55.00
鬼怪事典2　超動漫影象小說　(8) 9789881687777　$58.00
鬼怪事典3　超動漫影象小說　(12)　9789881687722　$68.00
鬼怪事典4　超動漫影象小說　(13)　9789881687883　$68.00
鬼怪事典5　超動漫影象小說　(14)　9789881175023　$68.00
鬼怪事典6　超動漫影象小說　(15)　9789881175047　$78.00
漫畫時代1　超動漫影象小說　(6) 9789881687753　$55.00
神龍記　上　漫畫+小說版　超動漫影象小說　(7) 9789881687708　$60.00
大聖悟空　1　微漫版　超動漫影象小說　(9) 9789881687784　$65.00
大聖悟空　2　微漫版　超動漫影象小說　(10)　9789881687821　$65.00
大聖悟空　3　微漫版　超動漫影象小說　(11)　9789881687876　$65.00

實體書【補購站】

電郵：tcwz55@yahoo.com.hk

（讀者補購以上書籍，請往下列書局）

可享折扣優惠

陳永泰風水命理文化中心　23740489
九龍彌敦道242號立信大廈2樓D室

上海印書館　25445533
香港中環德輔道中租庇利街17-19號順聯大廈2樓

鼎大圖書　23848868
九龍油麻地彌敦道568號僑建大廈五樓

陳湘記書局　27893889
九龍　旺角　通菜街130號

星易圖書　39970550
Email：xinyibooks@yahoo.com.hk

查詢圖書資料　電郵地址：tcwz55@yahoo.com.hk　聯絡：謝先生

易天生老師 2021至24年 最新作品，封面原畫欣賞：

新書發售

神相柳莊全書 子平氣象 子平真詮.圖文辨識 子平百味人生

三命通會女命書 窮通寶鑑命例拆局 太清神鑑綜合篇 太清神鑑五行篇

pubu 電子書城

http://pubu.com.tw/store/2742859

易天生命學書著作專區：

由於出版生態的改朝換代，一切都正在演化中，應運而生的就是〔電子書〕浪潮，由歐美開始，繼而是台灣，打開了新世代閱讀之門，加上近年的疫情影響，門市和發行的成本不斷上升，心田文化已經正式踏入了電子書的行列，大家如果仍然是很難或買不到易天生的書，那最佳方法便是手機搜尋，隨手一按，購買最新和過去易天生寫過的五十多部作品，只是要習慣適應閱讀方式，與時並進總需要點時間。

https://pubhtml5.com/homepage/phwi

易天生老師兩部闖出國際的作品！

神相金較剪

第一部台灣全國發行

五官大發現

第二部南韓全國發行

yes24.com/Product/Goods/71833562

五官大發現韓語版

易天生老師2019年遠赴南韓大丘市，在最大書店教保文庫的頂層，舉行新書發佈及作者簽書會，與當地讀者作即時交流，解答在場人士的相學問題和簽名留念。

南韓大丘新書發佈會，活動實錄：

轉載自易天生官方社交平台：https://www.facebook.com/yitis55

facebook.com/tcwz55

易天生

心情好緊張

見證五官兒子在南韓的…誕生

文樂和其他30人　6則留言

易天生

南韓大邱最大的書店"教保文庫"

新書經已在南韓出版，四月六日星期六，出版社安排了一場活動，在教保文庫舉辦與南韓讀者朋友的見面會。

心情有點緊張。

易天生

教保文庫書店門口

放上了我今天交流活動的宣傳報，嚇我一跳。

文樂和其他30人

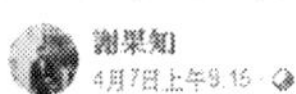

謝眾知
4月7日上午9:15

五宮的韓文翻譯..申美燮小姐

我本書國語夾雜廣東話，又多名詞術語，一点也不好翻譯，申小姐可謂勞苦功高。

文慧、Hui Chi Yeung和其他25人　5則留言

謝眾知
4月7日上午9:15

[illegible]

[illegible]

易天生

分享會正式開始

現場坐滿了來自韓國各方的讀者朋友
感謝白水振教授為我翻譯
準備了一晚的講稿，也拿了一些作品
都展示出來，起初還有点緊張
也漸漸平穩下來

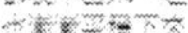

謝眾知
4月7日上午5:53

教保文庫內五宮廣告宣傳

每層都散佈著
真的十分重視我這本書。

還有 2 張

謝眾知
4月6日上午5:04

在韓國的文讀者

大家一間很別致的咖啡店
為老板娘簽名留念。

41　4則留言

易天生

那天讀者會上，還介紹了...

我未來的水墨畫路向，因此那天大家都很捧場購書，心裡十分感謝南韓讀者，和專程由首爾出版社前來的兩位小姐，一早在書店作妥善安排。

還有白教授和申小姐的幫忙翻譯，才令今次活動得以成功。

易天生

出版社安排了

交流會因讀者的熱情超了時
結束後立即趕去這間充滿園藝特色飯店
共進晚餐。

易天生

活動完畢，為在場的南韓朋友簽名

收到各方面的回響
是次新書發佈會獲得好評和成功。

文燦、Amino Acid和其他122人

易天生

交流會圓滿結束

書店上工作的讀者朋友，帶了太太來捧場，高興又添一位新讀者啊。

文燦和其他30人

良種紙上播　善筆植心田

中國命相學大系：23

子平真詮一圖文辨識

作者／易天生
出版／心田文化
封面繪畫／易天生
地址：香港干諾道西135號錦添工業大廈R13室
電話：90534761
電郵地址：tcwz55@yahoo.com.hk
網址：comics.gen.hk/2000b.htm
平台：facebook.com/yitis55
心田文化：facebook.com/yitis55255
美術／樹文
排版／心田文化
印刷制版／卓智數碼印刷有限公司
地址：九龍荔枝角醫局西街1033號源盛工業大廈10樓5室
電話：27863263
發行／：香港聯合書刊物流有限公司
地址：香港新界大埔汀麗路36號中華商務印刷大廈地下
電話：23818251
初版日期：二〇二三年六月　初版
定價：HK$一百二十元

國際書號：ISBN:978-988-77151-2-2

天生老師

三十多年寫書五十部，十年作畫三百張，舉辦兩次個人畫展，作品手機欣賞：

https://pubhtml5.com/homepage/phwi

心田
心田文化